Intuition im Business

Hausmitteilung an die Leser dieses Buches

James Wanless

Intuition im Business

Souverän entscheiden mit Tarot

Der Soforteinstieg

Mit Arbeitsblättern

Mit einem Vorwort von *Karl Gamper*

Aus dem Amerikanischen
von *Manfred Miethe*

INTEGRAL
VOLKAR-MAGNUM
«Millennium»

Die Deutsche Bibliothek – CIP-Einheitsaufnahme

Wanless, James:
Intuition im Business : Tarot als Katalysator für Einsicht, Innovation und Teamprozesse;
zu den Rider-Waite-, Crowley- und Voyager Tarot-Decks / James Wanless.
Mit einem Vorw. von Karl Gamper. Aus dem Amerikan. übertr. von Manfred Miethe. –
Wessobrunn : Integral. Volkar-Magnum, 1995
(Millennium)
Einheitssacht.: Intuitive business <dt.>
ISBN 3-89304-626-7

– 1. 2. 3. 4. 5. 6. Auflage 1998 1997 1996 1995 –
(Die äußeren Ziffern zeigen Auflage und Auslieferungsjahr an)

Deutsche Erstausgabe – veröffentlicht als «**Millennium**»-Buch
Copyright © 1995 by Integral. Volkar-Magnum. Verlagsgesellschaft mbH.,
Schloßbergstraße 15, D-82405 Wessobrunn

Published by arrangement with Merrill-West Publishing, Carmel, California
Titel der Originalausgabe: Intuitive Business. Tarot and the Future of Work
Copyright © 1995 James Wanless

Lektorat: Vidya Anja Schmidt, München
Umschlaggestaltung: Zembsch' Werkstatt, München,
unter Verwendung einer Grafik von The Image Bank
Satz: Vollnhals Fotosatz, Mühlhausen
Druck und Binden: Jos. C. Huber, Dießen
Herstellung: Rainer Höchst, Dießen
Printed in Germany
... **auf chlorfrei gebleichtem Papier**

ISBN 3-89304-**626**-7

Inhalt

Vorwort

Unsere Welt wird visionär: Wir fangen an zu sehen. Nicht nur das Offensichtliche, auch das Verborgene, Geheime, Hintergründige, Numinose, das nicht Nennbare. Das ist der Megatrend, der ins nächste Jahrtausend weist. Immer schneller und in immer größerem Ausmaß öffnen wir uns den Bildern der Seele, erahnen die Multidimensionalität des Menschseins und beginnen, die Botschaften in und um uns zu lesen. Gibt es überhaupt eine Welt, die dort draußen existiert, oder ist jede Form der Trennung letztlich Illusion? Verwegener gefragt: Gibt es überhaupt etwas, das je außerhalb von uns existierte, gegenwärtig existiert oder jemals existieren wird?

Was ist Wirtschaft? Was fasziniert uns daran so? Im Grunde ist Wirtschaft unser Lieblingsspiel des Gebens und Nehmens mit Geld. Es ist ein weltumspannendes Spiel, vielschichtig, verwegen, trickreich, komplex und ... einfach. Ist es auch herzlich? Oder gar menschlich? Wenn wir einen Blick auf die herausragenden Managementmethoden der Gegenwart wie ISO 9000, Lean Production, Business-Reengineering, Kaizen oder eine der unzähligen „Management by"-Methoden werfen, begegnen wir überall dem gleichen Lippenbekenntnis: „Bei uns steht der Mensch im Mittelpunkt." Aber welcher Mensch? Der Mensch als Konsument, als Arbeitsfaktor, schlimmer noch: der Mensch als Humankapital. „Unser größtes Kapital sind unsere Mitarbeiter." Kommt Ihnen dieser Satz bekannt vor?

Das vorherrschende Paradigma der Wirtschaft reduziert den Menschen auf seinen Nutzen. Der Mensch wird zur Funktion degradiert, auch wenn dieses so deutlich nicht gesagt wird. Wir erleben hier etwas, das dem ähnelt, was schon mit unserer Sexualität geschah, die auf den Geschlechtsakt reduziert wurde.

In diesem Buch entfaltet sich aber ein anderes Menschenbild. Der Mensch wird in seinem inneren Reichtum begriffen und als physisches, mentales, emotionales und spirituelles Wesen anerkannt. Das führt ganz natürlich zu Fragen wie: Was ist mein Anliegen? Was will sich durch mich (und durch uns im Team) ausdrücken? Welchen Beitrag kann ich leisten und für wen? Wo mache ich einen Unterschied? Was ist gerade dabei, sich aufzulösen? Was gilt es loszulassen? In welche Richtung will sich mein Leben entwickeln? Welche Kraft sollte ich stärker in mein Leben einladen?

Wer sich für das Tarot sensibilisiert, öffnet sich einem intelligenten, belebten, interaktiven Universum. Der Weg zu unserem intuitiven Selbst führt immer über das Gefühl. Daher lautet die Schlüsselfrage: „Wie fühlt sich diese oder jene Antwort an?" Um das zu ergründen, müssen wir nur einen Moment still sein, innehalten, lauschen, uns dem Feuer des Wissens, das in uns lodert, öffnen. Erst dann sollten wir uns dem geschriebenen Text zuwenden.

Ich liebe das Tarot und ganz besonders das Voyager. Gleich, was der Alltag von mir fordern mag, mit dem Tarot bin ich immer eingeladen, die Ebene zu wechseln, aus der momentanen Realität auszusteigen und in eine andere Dimension einzutauchen. Das macht nicht nur Sinn, sondern ist auch notwendig und praktisch. Denn Probleme werden nie auf der Ebene gelöst, auf der sie entstehen. Das Tarot hilft, Botschaften aus anderen Realitäten einzuladen und Fragen des Alltags aus anderer Sicht zu betrachten.

Das Tarot ist wie ein Spiegel, ein egoloser Ratgeber. Unsinnig für jene, die an Buchstäblichkeit kleben, Wink zu neuen Ufern für alle, die die Atmosphäre einer Karte zu deuten und mit einer Frage zu verschmelzen wissen. Offenheit vorausgesetzt, kann diese Fähigkeit in jedem Fall leicht und rasch entwickelt werden.

Nicht nur die Gesellschaft, sondern auch die Wirtschaft und mit ihr ihre Instrumentarien stehen an einem Wendepunkt. Weder die Welt, die Wirtschaft noch die Betriebe – und schon gar nicht die Menschen – sind Maschinen. Und doch geistern in den Köpfen der Wirtschafter (sind wir das nicht letztlich alle?) immer noch die Gespenster der Machbarkeit, der Planbarkeit und der absoluten Lösungen herum. Doch es gibt keine absoluten Lösungen. Salopp formuliert: Planung ersetzt Zufall durch Irrtum. Das Leben ist zwar gestaltbar, aber nicht steuerbar. Und das gilt auch für wirtschaftliche Prozesse. Aber sagen Sie das einmal einem eingefleischten Manager.

Wir brauchen Hilfsmittel, um mit anderen Ebenen in Berührung zu kommen – mit Ebenen der Intuition und der Mühelosigkeit, mit dem Namenlosen, mit Energien, die uns oft fremd sind und die es doch zu erforschen und in das eigene Tun einzuladen gilt. Dazu brauchen wir Landkarten, wohl wissend, daß die Landkarte lediglich eine Orientierungshilfe ist und nicht das Land selbst. So soll auch das Tarot verstanden sein: als Fingerzeig, als Bruder und Kamerad, der stets bereit ist zu dienen, aufzuzeigen, hinzuweisen.

Die Familie der Menschen muß aufhören, die Existenz tieferer Intelligenzen und die Weisheit der Intuition zu leugnen und aus ihrem täglichen Tun auszublenden. In unserer Arbeit handeln wir meist so, als ob es so etwas wie eine grundlegende Schöpferkraft nicht gäbe. Aber der Frühling kommt, die Sonne steht am Himmel, ein neuer Tag erblüht. Wohin wir auch blicken, überall sehen wir Wunder! Doch unser Verstand sieht nur Erscheinungen, das Unsichtbare bleibt unserem analytischen Denken verborgen. Aber es ist das Unsichtbare, das Tao, das im Grunde alles bewegt. Im Unsichtbaren liegt die Intelligenz des Werdens und Vergehens im Universum. Uni-versum heißt: „Das eine, das sich selbst bewegt" und wird (zum Beispiel im Voyager) auf der Karte XXI wunderschön dargestellt. Wir alle sind Spieler in einem umfassenderen Spiel. Das Tarot lädt ein, das Bild zu vergrößern und die Sicht zu erweitern. Mögen wir daraus Nutzen schöpfen, Freude und Segen. Die strategische Allianz der Zukunft ist eine Kooperation mit den intuitiven Kräften in uns.

Beenden wir die Unsinnigkeit, dem Universum unseren Willen aufzuzwingen. Wir durften die Erde als Lebewesen erkennen, als ein sich selbst organisierendes Energiesystem. Wir können mit der Erde kooperieren, ein Spiel der Co-Evolution beginnen, eine Evolution des Miteinander. Dabei sind unsere Intelligenz, ein sanftes High-Tech, eine Kreislaufwirtschaft und vor allem das zelluläre Begreifen gefordert, daß der Körper der Erde grundsätzlich gleich ist und gleich schwingt wie unser eigener Körper. Es mag pathetisch klingen, aber unser Körper ist aus der Erde geschöpft und kehrt wieder zur Erde zurück. Es gilt daher auch in unserem wirtschaftlichen Handeln Mensch *und* Erde in den Mittelpunkt zu stellen. Dazu braucht es ein rebellisches Herz, Mut und einen großen Geist. Im Grunde braucht es einen neuen Menschen, den ich „Homo gaia" nennen will, und ein neues Menschenbild, das über das „hautverkapselte Ich" hinausreicht.

Was für die Erde gilt, gilt auch für die Sonne, die Sterne, unsere Seele und unseren Körper. Aus dieser Haltung des Wissens und der Liebe entspringt ein achtsames Benützen, ein sinnvolles Hinwenden statt eines grausamen Unterjochens.

Das Tarot macht uns auf weise und subtile Art darauf aufmerksam, daß wir Reisende innerhalb der Schöpfung sind, Lernende auf dem Weg. Es zeigt uns Richtungen, aber keine Resultate; es gibt uns Andeutungen und ermutigt, den eigenen Weg authentisch zu gehen. Kennen Sie die vier As? Anders als alle anderen. Anders als alle anderen sind nur Sie. Heute sind authentische Menschen und authentische Firmen gefragt. Wenn es überhaupt ein Erfolgsrezept gibt, dann ist es Authentizität.

Einer der kollektiven Lernschritte, die wir zu lösen haben, ist der Umgang mit Autorität. Wir wurden über Jahrtausende hinweg konditioniert, uns schuldig zu fühlen und einen äußeren Gott um Vergebung zu bitten. Wir haben gelernt, daß der Experte Oberpimpelhuber auf jeden Fall besser weiß, was gut für uns ist. Für jeden einzelnen von uns ist es daher schwierig, der eigenen Kraft der Manifestation tatsächlich zu vertrauen, fremde Autorität abzuschütteln und vor allem die allgegenwärtige Hypnose der öffentlichen Meinung zu durchbrechen. Tun wir es dennoch!

Unsere Massenmedien sind auf die äußere Welt fixiert. „Only bad news is good news." Es gibt weder Serien noch Nachrichtensendungen, die auf das Potential in uns verweisen, uns stärken, uns daran erinnern, dem göttlichen Licht in uns zu vertrauen. Wir leben diesbezüglich unter einer Glocke aus Lüge.

Die Kraft speziell des Voyager Tarots liegt in den zeitgerechten Bildertüren ins Land der Intuition. Voyager ist ein gelungenes Geflecht aus Vernunft und Traum, aus Gefühl und Vision, Intelligenz und Einsicht. Die einzelnen Karten sind Boten. Wer hinter das Buchstäbliche blickt und den angebotenen Tarot-Raum mit allen Sinnen wahrnimmt, erhält als Geschenk eine ganzheitliche Sicht: Nichts in diesem Universum ist isoliert, alles ist miteinander verwoben und vernetzt. Vor allem aber ist alles so angelegt, daß eines das andere unterstützt. Daher lautet das Gesetz der Entsprechung: „Wie innen, so außen; wie oben, so unten."

James Wanless versteht es meisterhaft, die Kodierungen dieser Entsprechungen in den traditionellen Tarots von Crowley und Rider-Waite wie in seinem Voyager transparent zu machen und in einen praktischen Rahmen zu stellen. Wir brauchen in uns das Gespür für Nuancen und einen Pfad ins Metaphorische. Hier hilft uns das Tarot. Denn es ist nicht nur ein Kartenspiel, es ist Metapher und Poesie, sowohl atmosphärisch als auch greifbar. Es ist Schwingung, Frequenz, wirkt jenseits von Worten und lockt uns doch in Form und Gestalt. Vor allem aber wirft es uns auf uns selbst zurück. Als ein weiser Ruf unseres intuitiven Selbst zu einem Aufbruch – zu „Business as Unusual".

Karl Gamper
Kreativ-Trainer für unternehmerische Spitzenleistungen

Einleitung

Das Tarot funktioniert!

Ich weiß es aus eigener Erfahrung, denn ich habe in den letzten 15 Jahren Tausende mit Hilfe des Tarots beraten, und wie sie mir bestätigten, hat sich diese Beratung positiv auf ihr Leben und ihre Arbeit ausgewirkt. Meinen eigenen Erfolg als Autor, Berater, Künstler, Trainer und Verleger verdanke ich zum großen Teil der Arbeit/dem Spiel mit dem Tarot. Natürlich war es nicht das Tarot, das mich erfolgreich machte, sondern ich selbst. Aber ich war den großartigen Prinzipien und der Methodik des Tarots gegenüber aufgeschlossen und nahm an, was in mir Resonanz fand und mir etwas sagte. Tarot ist der Funke, nicht das Feuer. Tarot ist die Landkarte, nicht der Reisende.

Meine Karriere begann in den sechziger Jahren, als ich an der Columbia University in New York Politikwissenschaften studierte. Als politischer Idealist fühlte ich mich berufen, der Gesellschaft zu dienen und sie zu transformieren. Sechs Jahre später und mit einem Doktortitel in der Tasche unterrichtete ich an der amerikanischen Universität in Kairo. Aber ich war unzufrieden. Das konnte es doch nicht schon gewesen sein! Es zog mich nach Indien, wo ich die Meditation zu erlernen hoffte, aber vorher wollte ich noch in Nepal die Gipfel des Himalaja besteigen. Leider zog ich mir in Katmandu eine Leberentzündung zu und konnte nur noch herumsitzen. Also saß ich in Meditationshaltung in einem buddhistischen Kloster. Nach einem Monat war die Krankheit verschwunden ... und auch die Politologie. Statt dessen überkam mich das leidenschaftliche Bedürfnis, höhere, spirituelle Bewußtseinszustände zu erfahren. Die Suche führte mich durch die spirituellen Zentren des

Ostens und schließlich zurück in meine Heimat: die Gegend um San Francisco. Hier wurde mir zum ersten Mal das Tarot gelegt. In mir loderte die Flamme der Begeisterung auf, denn die Macht der Symbole war die reine Magie. Endlich hatte ich ein Instrument gefunden, das es mir erlaubte, meine intellektuellen *und* intuitiven Fähigkeiten einzusetzen, um anderen sofort und auf spielerische Weise zu helfen. Für andere Menschen die Karten zu legen ist für mich ein politischer Akt, denn wenn sich das Leben eines Menschen positiv verändert, wirkt sich das auf die ganze Gesellschaft aus.

Man könnte sagen, ich politisierte mich selbst durch das Tarot auf demokratischste Weise, denn die 78 Karten repräsentieren 78 Wähler oder 78 Interessengruppen, die mein politisches Selbst ausmachen. Ja, Sie haben richtig gehört: Jeder von uns trägt ein kleines Parlament in sich. Als ich anfing, Karten aus dem verdeckt liegenden Spiel zu ziehen, ließ ich Stimmen zu Wort kommen, die ich normalerweise ignoriert hätte.

Aber der Gedanke, meine Lehrtätigkeit aufzugeben und mein spirituelles Interesse am Tarot zu meinem Beruf zu machen, erschien mir zunächst phantastisch und unrealistisch. Die Karte 0 *Narr und Kind*, die das spirituelle Gesetz des Vertrauens repräsentiert, inspirierte mich schließlich dazu, den Sprung zu wagen. Wenn ich dem Universum und mir selbst, meiner Intuition und meinen Instinkten vertraue, wenn ich darauf vertraue, daß sich alles zum Guten wenden wird, und ich meiner Leidenschaft, meiner Neugierde und dem Ruf meiner Seele folge, dann werde ich nicht abstürzen, sondern mich über das Gewöhnliche hinweg zum Transzendenten erheben. Viele Menschen würden es garantiert dumm nennen, wie der Narr ins Ungewisse zu springen – aber wenn Sie es tun, wissen Sie, daß Sie sich auf dem richtigen Weg befinden: auf dem schmalen Pfad ins Ungewisse. Sie müssen nur an sich glauben.

Obwohl meine Chancen, es in diesem merkwürdigen und geradezu anrüchigen Beruf zu etwas zu bringen, nicht gerade groß waren, wußte ich intuitiv, daß ich erfolgreich sein würde, wenn ich der Weisheit des Tarots folgte – mit diesem Projekt oder in jedem anderen Unterfangen. Die im Tarot beschriebenen universellen Lebensgesetze haben meine innere Kraft genährt und gefördert, so daß ich immer weitergemacht habe und schließlich Erfolg hatte.

Die Karte X *Fülle* half mir, den Unternehmer in mir zu entdecken, das Risiko einzugehen und die Chance zu ergreifen, mein eigenes Spiel, das Voyager Tarot, zu entwickeln und zu verlegen. *Der Magier,* der große Kommunikator der Karte I, inspirierte mich, ein modernes Tarot für die heutige Zeit zu kreieren. Die weise *Priesterin* der Karte II bringt mich seit langem immer wieder in Kontakt mit meiner inneren Priesterin, so daß ich gelernt habe, auf die mir innewohnende intuitive Weisheit zu vertrauen, obwohl mir die intuitiven oder spirituellen Künste nicht angeboren waren und ich ebensowenig in ihnen ausgebildet wurde. Ich konnte nicht einmal auf eine langjährige Tarot-Erfahrung zurückblicken, als ich das Voyager schuf.

Die sogenannten „negativen" Karten des Tarots (ich nenne sie „Herausforderungskarten") haben mir gezeigt, daß Schwierigkeiten zu meinem Erfolg beitragen, und ich habe begriffen, daß Herausforderungen in Wahrheit Möglichkeiten des Wachstums sind. Mein größter Durchbruch kam, als das Voyager von mehreren Verlagen abgelehnt wurde, denn nun machte ich mein Glück als mein eigener Verleger. Durch die Karten III und IV, *Herrscherin* und *Herrscher,* entdeckte ich ein mitfühlendes, geduldiges Elternpaar in mir, das mein Voyager-Kind zehn Jahre lang umsorgte und hegte. Dank der Karte XV *Der spielende Teufel* habe ich das verspielte und manchmal auch respektlose Kind in mir schätzen gelernt. Deshalb macht mir meine Arbeit auch soviel Spaß, was einer der Hauptgründe für meinen Erfolg als Seminarleiter und Redner ist. *Der Eremit* der Karte IX hat den Teil in mir bestärkt, der alles richtig machen möchte, der auf Qualität bedacht ist und der meine Integrität wahrt. Und der ganzheitliche Aufbau des Spiels, das rät, ganzheitlich zu leben, hat mich ermutigt, nicht nur beruflich erfolgreich zu sein, sondern auch ein gesundes Leben zu führen. Schließlich ist Gesundheit unser größter Reichtum.

Ich habe dieses Buch geschrieben, um Sie zu inspirieren und darin zu unterstützen, in Ihrem Beruf ähnlich erfolgreich zu werden wie ich in meinem. Wenn Sie die zeitlosen Gesetze und Methoden des Tarots ernst nehmen, werden Sie Ihr Leben lang einen Freund, Mentor und Partner haben – einen Verbündeten, der Ihnen hilft, sich selbst zu helfen. Sie werden sich selbst kennen- und schätzen lernen, und Sie werden die Kraft und die Weisheit, die in Ihnen steckt, in Taten umsetzen können.

Ich führe in diesem Buch das Beispiel erfolgreicher Geschäftsleute an, die das Tarot einsetzen, um ihre Arbeit zu verbessern. Diese Menschen sind beileibe keine Tarot-Fanatiker, sie geben auch niemals ihre Entscheidungsfreiheit zugunsten der Karten auf. Sie haben lediglich herausgefunden, daß das Tarot ein großartiges Instrument ist, dem ein außergewöhnlich gesunder Menschenverstand innewohnt.

Warum wird das Tarot dann von vielen Menschen so gering geschätzt? Weil es wie jedes Instrument oder jede Technologie mißbraucht und zu negativen Zwecken eingesetzt werden kann – als ein entmündigender, angstmachender und simplifizierter Hokuspokus. Manche Menschen haben es mißbraucht, um Gutgläubige aus Geld- oder Machtgier zu manipulieren, andere sind aus Unwissenheit falsch damit umgegangen.

Aber auf dem Gebiet des Tarots haben große Fortschritte stattgefunden. Es ist aus der Schattenwelt des Mittelalters ins Licht der modernen Wissenschaft und der Psychologie geholt worden. Dieses Buch möchte zeigen, wie Sie mit dem Tarot auf moderne, aufgeklärte und verantwortliche Weise umgehen können, damit es Ihnen Kraft und Zuversicht gibt – und Sie unterhält.

Diejenigen unter Ihnen, die schon mit einem der traditionellen Tarot-Spiele gearbeitet und das Interesse verloren haben oder die mit den veralteten Symbolen nicht zurechtgekommen sind, wird dieses Buch hoffentlich wieder neugierig machen. Ihnen wird das weiterentwickelte, fortschrittliche Voyager Tarot gefallen, das sich im Einklang mit Ihrem sich stetig erweiternden Bewußtsein und Ihrem modernen Lebensstil befindet.

Aber unabhängig davon, mit welchem Spiel Sie arbeiten – dem Tarot bleibt immer ein Quentchen Geheimnis und Magie, so daß wir es nie ganz erfassen oder völlig verstehen können. Das moderne Tarot ist eine Mischung aus dem Bekannten und dem Unbekannten, dem Logischen und dem Intuitiven, dem Persönlichen und dem Archetypischen, dem Bewußten und dem Unbewußten. Der Umgang mit ihm fördert ein ganzheitliches Bewußtsein, das alle Formen des Wissens einschließt und integriert.

Das Tarot spiegelt die heutige Zeit wieder, das ganzheitliche „Cross-over Age" an der Schwelle zu einem neuen Jahrtausend, in dem multidisziplinäres Denken, Multi-Level-Marketing, interdisziplinäre Forschung, multikulturelle Ansätze, integrale Methoden und androgyne Mode gang und gäbe sein werden. Das Tarot verbindet Erziehung (Education) mit Unterhaltung (Entertainment) und macht daraus „Edutainment", den schnellsten und effektivsten Weg zu lernen. Es verbindet verschiedene Persönlichkeitstypen, Verstand und Herz, Körper und Seele, männliche und weibliche Energie, Alter und Jugend, innere und äußere Welten, Vergangenheit und Zukunft, hier und dort, Schwarz und Weiß. Das Tarot erlaubt Ihnen mitzuspielen in diesem neuen Zeitalter und sich ein ganzheitliches, die ganze Welt umfassendes Bewußtsein anzueignen. Man kann heutzutage keinen beruflichen Erfolg mehr haben, wenn man sich nicht im Fluß befindet, wenn man sich auf dem entstehenden Markt des entstehenden neuen Bewußtseins nicht auskennt.

Die gesamte Arbeitswelt ist im Wandel begriffen und steht an der Schwelle zu einem ganzheitlichen Paradigma, das die Strukturen und Ressourcen des alten Industriezeitalters umfassen wird – schließlich leben wir in einer materiellen Welt –, gleichzeitig wird es aber sanftere, fließendere, auf den Menschen ausgerichtete Organisationsformen finden, die nicht nur Wolkenkratzer, sondern auch das menschliche Bewußtsein emporschießen lassen werden.

Das Tarot ist ein einzigartiges und wertvolles Instrument, das Ihnen helfen kann, sich in dieser neuen Arbeitswelt zurechtzufinden. Es bietet Ihnen eine Vision, eine „Landkarte" und eine Methode, um die Fähigkeiten und Talente zu entwickeln, die Sie im Lauf der Transformation des Berufslebens im neuen Jahrtausend brauchen werden.

Also los, ziehen Sie eine Karte!

James Wanless
Carmel, Kalifornien
im März 1995

1
Intuitives Business

Intuition im Beruf

Es gibt eine natürliche Verbindung zwischen dem Berufsleben und Orakelsystemen wie dem Tarot. Wer in seinem Beruf erfolgreich sein will, ist immer auf der Suche nach dem gewissen Etwas, das ihm einen Vorsprung vor den anderen verschafft, und möchte wissen, was auf ihn zukommt. Tatsächlich gibt das Tarot Anregungen für die Zukunft, denn es zeigt mittels seiner Symbolsprache Möglichkeiten auf, wie wir unsere Vision entwickeln und unseren Weitblick schärfen können.

Das Tarot soll das Genie in Ihnen hervorbringen. Es funktioniert deshalb so effektiv, weil es Ihre Intuition stärkt, wodurch Sie herausfinden, was in einer Welt voller Möglichkeiten richtig und wahr für Sie ist. Wenn Sie Ihrer inneren Wahrheit folgen, werden Sie Erfolg haben – es gibt keinen anderen Weg. Wenn Sie Ihrer Intuition – dieser Eingebung, die einfach weiß – vertrauen und danach handeln, sind Sie authentisch, sich selbst treu und damit auf dem Höhepunkt Ihrer persönlichen Macht.

Wahrscheinlich ist Intuition im heutigen Geschäftsleben das wichtigste Instrument überhaupt. Nur die Intuition – dieses innere Wissen, das wir alle besitzen und das uns jederzeit zugänglich ist – kann mit der Informations- und Kommunikationsflut Schritt halten. Wir laufen Gefahr, von den neu geschaffenen Technologien überfordert zu werden. Auf dem globalen Markt des High-Tech rasen Chancen und Gelegenheiten immer schneller an uns vorbei, und wenn wir keinen Zugang zu der intuitiven Intelligenz finden, die sich mit Lichtgeschwindigkeit in uns bewegt, und auf sie vertrauen, werden uns die besten Chancen entgehen.[*]

Bilder regen die Intuition am stärksten an. Alle großen Geistes-blitze sind mit einem inneren Sehen verbunden. Die Genialität des Menschen hat ihren Sitz im Vorderhirn, wo sich auch unser geistiges Auge befindet, das die Fähigkeit besitzt, die Gegenwart zu sehen und Bilder von der Zukunft zu formen. Das Gehirn denkt nicht in Worten und Ideen, sondern in Bildern. Erst wenn wir das Bild erkannt haben, kommt uns die Idee. Unser Ego und sein Diener, die lineare Logik der linken Gehirnhälfte, können nur einen Bruchteil aller Möglichkeiten erfassen. Da diese Denkprozesse außerdem relativ langsam ablaufen, brin-gen sie uns nur langsam voran. Die Intuition, die auf unserer Vorstellungskraft und bildhaftem Denken beruht, ermöglicht es uns hingegen, uns in Quantensprüngen weiterzuentwickeln. Das Tarot ist ein visuelles Medium, durch das Ihre Intuition an-geregt wird. Es besteht aus einer Vielzahl von Bildern, die Sie mit Ihren äußeren Augen anschauen, um auf der inneren Ebene zu erkennen, worum es eigentlich geht. Da Sie gezielt mit dieser geistigen Einstellung arbeiten, werden Ihre intui-tiven Fähigkeiten noch ausgeprägter sein als gewöhnlich. Durch das Tarot können Sie Ihre Intuition entwickeln und ler-nen, sie häufiger wahrzunehmen und ihr stärker zu vertrauen.

Kreativität

Die wichtigste Ressource im heutigen Geschäftsleben ist die Kreativität, ein Teilaspekt der Intuition. In einer Zeit, in der Ver-änderungen in einem derart hohen Tempo vor sich gehen, können nur kreative Menschen überleben und Erfolg haben. Glücklicherweise hat jeder Mensch Zugang zu dieser schöpferi-schen Quelle in sich. Jeder von uns besitzt eine einzigartige, in-

---

[*] Siehe dazu Peter Russell: *Im Zeitstrudel. Die atemberaubende Erforschung unserer Zukunfts-chancen.* Integral. Volkar-Magnum, Wessobrunn 1994

dividuell ausgeprägte Genialität. Diese Quelle macht man sich zunutze, indem man in sich geht, denn in jedem Menschen existiert das gesamte Universum. Das mag in Ihren Ohren wie eine völlig verrückte Behauptung klingen, aber es ist wahr. Wenn Sie wie eine Wolke denken oder sich vorstellen, ein Kristall zu sein, werden Ihnen garantiert neue Ideen kommen.

Untersuchungen haben gezeigt, daß „metaphorisches Denken" oder „symbolische Assoziation" der Schlüssel zur kreativen Genialität sind. Durch freies Assoziieren erkennen wir Beziehungen, Strukturen und Möglichkeiten, die verborgene Wahrheiten und kreative Lösungen enthüllen. Durch seine metaphorische Symbolik spricht das Tarot direkt zu unserer Meta- oder höheren Intelligenz.

Die Macht der Symbole besteht darin, daß *nur* sie uns den Zugang zu den riesigen Archiven der Weisheit und der Erkenntnis ermöglichen, die in unserem Unterbewußtsein verborgen liegen. Aber genau diese machen den Großteil unserer Intelligenz aus. Diese gewaltige Reserve an schöpferischen Ideen kann aber nur dann nutzbar gemacht werden, wenn Sie tief in Ihr Bewußtsein eintauchen, denn von dort kommt die Intuition.

Das Tarot ist voller Symbole. Eigentlich ist jedes Bild eines. Durch ihre Symbolik enthüllen die Karten unser Selbst wie in einem Spiegel. Wenn wir mit dem Tarot arbeiten, kommen wir daher auf ganz natürliche Weise mit unserer Intuition in Kontakt und entdecken die Quelle aller Kreativität.

Das innere Expertenteam
In der sich stetig verändernden Arbeitswelt ist schon jetzt die Fähigkeit, selbständig Entscheidungen zu treffen und entsprechend zu handeln, kreativ zu denken und Verantwortung zu übernehmen, selbstverständlich geworden. Die meisten Entscheidungen müssen wir selbst treffen, und unsere verläßlich-

ste Entscheidungshilfe ist das Expertenteam, das in jedem von uns lebt. Wir alle wissen, was zu beruflichem Erfolg führt; jeder von uns hat einen Manager in sich, einen Verkäufer, Buchhalter, Verhandlungsführer, Organisator und Visionär.

Unsere Intuition, angeregt durch die universellen Bilder und Symbole des Tarots, läßt uns mit diesem inneren Team in Kontakt treten. Die verschiedenen Aspekte der Arbeitswelt werden durch „archetypische Persönlichkeiten" dargestellt, mit denen wir uns identifizieren können. Diese Archetypen finden sich in allen Kulturen, sie sind Aspekte eines jeden Menschen. Selbsterkenntnis durch Archetypen ist die effektivste uns bekannte Methode, um alle Teilpersönlichkeiten und die zu ihnen gehörigen Fähigkeiten in uns hervorzubringen. Das Tarot arbeitet mit archetypischen Symbolen, damit wir ganz werden, unsere vielen Teile aktivieren und integrieren und dadurch unabhängig, selbständig und autonom werden.

Selbstbewußtsein
Die moderne Geschäftswelt verlangt nach selbstbewußten Menschen. Nur diejenigen, die das notwendige Können und Vertrauen in ihre eigenen Fähigkeiten haben, sind erfolgreich. Natürlich muß dieses Selbstvertrauen von innen kommen. Wer auf seine Intuition vertraut und entsprechend handelt, besitzt es automatisch. Das Tarot ist eine intuitive Methode, durch die wir uns selbst schätzen lernen und das notwendige Selbstwertgefühl entwickeln.

Unser ärgster Feind im Beruf, aber auch im Leben überhaupt, ist der innere Kritiker, der versucht, uns schlechtzumachen. Dieser Aspekt unserer selbst ist aber nicht die Stimme unserer Intuition, sondern die der negativen Aspekte unserer Sozialisation. Die Symbole und Prinzipien des Tarots sind positiv und unterstützen uns – man könnte sie gar als heroisch bezeichnen. Sie spiegeln unsere natürliche Brillanz, unsere angeborenen

Talente, unseren natürlichen Erfolgswillen und unseren my-
thischen Heroismus wider, der uns hilft, in einer Welt voller
Herausforderungen und Konkurrenz, voller Haie, Fallgruben
und Ungewißheit zu bestehen.

Die Intuition ist Ihre beste Freundin, sie ist ein Schutzengel, der
Sie unterstützt und beschützt. Die Karten sind Symbole Ihrer
inneren Verbündeten und Vertrauten. Das Tarot hilft Ihnen,
sich selbst zu helfen.

Inspiration und Motivation

Selbstbewußte Menschen haben Schwung. Sie sind motiviert
und voller Energie. Die Intuition schlägt wie ein Blitz in sie ein
und verschafft ihnen Aha-Erlebnisse. Diese Geistesblitze ent-
springen direkt aus der Quelle des Lebens in Ihnen, aus der
Lebenskraft, dieser außergewöhnlichen Macht, die Sie belebt.
Wenn Sie diese Macht durch sich hindurchfließen lassen, werden Sie aufgeladen und immer wieder neu aufgeladen. Die Intuition fließt mühelos und kann nie erschöpft werden, wenn
Sie sich ihr nur öffnen. Die Deutung des Tarots geschieht auf
dieselbe Weise. Lassen Sie die Bilder einfach zu sich sprechen.
Sie brauchen sich nicht den Kopf über ihre Bedeutung zu zer-
brechen, sondern dürfen einfach frei assoziieren. Motiviert zu
sein heißt nicht, etwas zu erzwingen, es bedeutet, einfach loszulassen und darauf zu vertrauen, daß die Macht des Universums, die durch die Bilder und Symbole des Tarots symbolisiert
wird, auch durch Sie hindurchfließt.

Freude an der Arbeit

Ein gemeinsames Merkmal aller erfolgreichen Geschäftsleute
ist, daß sie Freude an dem haben, was sie tun. Ihre Arbeit
macht ihnen Spaß! Wer spielt, dessen Intuition blüht auf. Die
Intuition selbst ist ja spielerisch, sie strahlt und schwingt, sie
schwebt empor und fliegt, sie ist immer bereit zu tanzen.
Wenn Sie an einer Sache Freude haben, wird das Ihre kreative

Genialität hervorbringen. Wenn Sie sich wie ein Kind Ihrer Vorstellungskraft öffnen, werden immer wieder große und kleine Ideen auftauchen. Wer Erfolg haben will, braucht die Ausdauer eines Langstreckenläufers, und die einzige Möglichkeit, diese Ausdauer zu entwickeln und erfolgreich zu sein, ist, das spielerische Element nicht aus den Augen zu verlieren. Wer Spaß an der Arbeit hat, der hat auch unerschöpfliche Energie.

Das Spiel des Lebens

Im Grunde ist das Tarot ein Kartenspiel, eine Möglichkeit, das „Spiel des Lebens" zu spielen und dabei Spaß zu haben. Die Arbeit mit dem Tarot bietet Ihnen ein Übungsfeld, auf dem Sie lernen können, das Spiel des beruflichen Erfolgs zu spielen und die Früchte Ihrer Arbeit zu genießen. Im Tarot wählen wir aus den verdeckt liegenden Karten aus, und genau wie im Mysterium des Berufs und des Lebens werden wir immer wieder überrascht. „Aha!" Wir lernen mit unseren Karten, mit dem, was uns die Welt beschert, auf die bestmögliche Weise zu spielen. Wir bekommen Spaß an Veränderungen und Überraschungen und freuen uns sogar auf sie. Was könnte uns in einer Welt des steten Wandels mehr helfen? Wie im Berufsleben, das voller Möglichkeiten steckt, so werden wir auch im Tarot mit unzähligen Möglichkeitskarten beschenkt, zum Beispiel mit den Karten *Fülle* oder *Erfüllung*, mit *Erfolg, Liebe, Integrität, Stärke* oder … Mit Hilfe unserer Intuition machen wir das Beste daraus. Und wie in der Geschäftswelt werden wir herausgefordert, denn auch im Tarot gibt es Herausforderungs- oder Problemkarten. Indem wir das Spiel spielen, lernen wir, die Hindernisse in unserem Leben in Lernerfahrungen und somit Möglichkeiten des Erfolgs umzuwandeln, wodurch wir letztendlich stärker werden. Da wir im Tarot spielerisch lernen, nehmen wir diese Einstellung auch in unser Berufsleben mit, so daß die Arbeit anfängt, uns Spaß zu machen. Arbeit ist dann nicht länger eine Mühsal, sie wird zur Freude.

Vielleicht glauben Sie, Ihre Zeit zu verschwenden, wenn Sie mit dem Tarot spielen. Das tun Sie ganz sicher nicht, denn Spielen ist genau das, was Sie brauchen, um Zeit zu gewinnen.

Das Tarot als Mentor

Jeder erfolgreiche Geschäftsmann hat ein Vorbild, einen Mentor. Mein Mentor ist das Tarot gewesen, denn es ist ein wunderbares Lerninstrument, eine Art Weisheitsbuch, welches das gesammelte Wissen aller Zeiten enthält. Wie jeder gute Lehrer bietet es ein System und eine Methode, durch die man die für sich richtigen Antworten bekommen und so seinen eigenen Lebensweg gehen kann.

Das Tarot gibt Ihrer befreiten Intuition eine Struktur und eine Grundlage, auf der Sie sie erfolgreich im Alltag verankern können.

- Der Aufbau des Spiels zeigt Ihnen, wie Sie Ihre berufliche Tätigkeit ganzheitlich und synergetisch organisieren können (siehe Kapitel 3: Die Struktur des Tarots).
- Die Prinzipien, auf denen die Karten beruhen, sind ein Erfolgsrezept. Sie zeigen Ihnen, welche Schritte notwendig sind und welchen Herausforderungen Sie begegnen werden, wenn Sie Karriere machen wollen (siehe Kapitel 9: Intuitiv planen und entscheiden).
- Die archetypischen Persönlichkeitskarten der Großen Arkana enthüllen Ihre inneren Ressourcen und Fähigkeiten (siehe Kapitel 5: Produktivität und der Geschäftsmensch der Zukunft).
- Die Kleinen Arkana zeigen die Fähigkeiten auf, die für effektives Management und Führungspositionen notwendig sind (siehe Kapitel 6: Qualitätsmanagement und die Führungskraft der Zukunft).
- Der intuitive und spielerische Umgang mit Überraschungen und Entdeckungen, Fragen und Antworten bringt Ihren

inneren Lehrer und Trainer hervor. Die unterschiedlichen Spiele dienen dazu, Ihnen die verschiedenen Rollen und Funktionen, die Sie im Berufsleben spielen und ausüben müssen, zu verdeutlichen. Sie können diese Spiele auch mit anderen spielen, um deren Selbstbewußtsein zu stärken und den Teamgeist zu fördern (siehe Kapitel 9: Intuitiv planen und entscheiden und Kapitel 10: Spielerische Teamarbeit).

Die Zukunft der Arbeitswelt

Dieses Buch soll Ihnen eine Art Fernrohr sein, durch das Sie auf die Arbeitswelt der Zukunft schauen können. Ich werde Ihnen zeigen, daß das Tarot – seine Struktur, seine Methoden, seine Philosophie und seine Psychologie – das neue Paradigma für Unternehmer und Manager ist.

Das Tarot ist in den letzten zehn Jahren ungeheuer populär geworden, denn es befriedigt ein immer stärker werdendes Bedürfnis. Es hilft uns zu erkennen, wie wir in einer ungewissen, sich ständig wandelnden Welt leben und arbeiten können, wie wir in der Geschäftswelt, in der immer mehr Selbständigkeit, Reaktionsvermögen sowie der Einsatz von Kreativität und Intuition gefragt sind, mithalten können und wie wir in einer Gesellschaft bestehen können, deren Werte sich in Richtung ganzheitliches Denken, Lebensqualität und höhere Bewußtseinszustände verschieben.

Dieses Buch zeigt Ihnen am Aufbau des Tarot-Spiels die zukünftige Organisation der Arbeitswelt.

- **Der Geschäftsmensch der Zukunft** ist der talentierte, ganze Mensch; er wird durch die Karten der Großen Arkana, die 22 Archetypen der Persönlichkeit, repräsentiert.
- **Die Führungskraft der Zukunft** füllt ihre Funktion so aus, wie es die Karten der Kleinen Arkana widerspiegeln.

- **Die zukünftige Kultur des Geschäftslebens** und was Sie und Ihre Beschäftigten brauchen, um motiviert zu sein und sich im Beruf zu verwirklichen, offenbart sich in den Hof- oder Familienkarten.
- **Die Zukunft des Marktes** und wie man seine Produkte oder Dienstleistungen verkauft, wird ebenfalls durch die Hof- oder Familienkarten repräsentiert.
- **Die Natur der kommenden Veränderungen** und wie wir mit Schwierigkeiten umgehen, die uns herausfordern, wird durch die positive Art und Weise repräsentiert, in der wir mit den sogenannten negativen Karten umgehen.
- Wie **Innovation und Planung, Entscheidungsprozesse und Problemlösungen** in der Zukunft aussehen können, wird durch die vielfältigen intuitiven Spiele und Legesysteme des Tarots beschrieben.
- Wie wir in Zukunft **Freude an der Arbeit** haben können, wird schließlich durch die verschiedenen Möglichkeiten dargestellt, wie wir gemeinsam mit dem Tarot spielen können.

Das Prinzip, das dem Tarot zugrunde liegt, ist das folgende: Wer seine Zukunft erkannt hat, kann sie erschaffen – jetzt sofort. Die Macht des Tarots liegt darin, daß es Ihnen hilft, sich das Machbare vorzustellen – und es gibt Ihnen die Instrumente in die Hand, um die Prophezeiung wahr werden zu lassen. Wenn Ihnen gefällt, was Sie hier lesen, sollten Sie mit dem Tarot spielen. Dann wird das, was Sie sich ausmalen können, auch wahr werden. Dann werden Sie in der neuen Geschäftswelt den anderen das gewisse Etwas voraushaben.

2
Die Grundlagen des Tarots

Was ist Tarot?

Ursprünglich war das Tarot ein Weg des spirituellen Wachstums, der auf den 22 Lebensprinzipien aufbaute. Diese universellen Gesetze, die durch die Großen Arkana repräsentiert werden und im Begleitbuch zum Voyager Tarot* beschrieben werden, beruhen auf den Weisheitslehren des alten Ägypten und der Kabbala der jüdischen Mystik aus dem Mittelalter. Im Europa des 14. Jahrhunderts wurde das Tarot (die genaue Bedeutung und der Ursprung des Wortes sind nicht bekannt) zum Kartenspiel. An den Höfen der Adeligen wurde es gespielt, um die Zukunft vorauszusagen. Heute erfährt das Tarot durch die Vielzahl von neuen und unterschiedlichen Spielen eine Renaissance.

Seiner allgemeinsten Definition nach ist das Tarot ein vielfach verwendbares Instrument, eine Methode, ein Weisheitsbuch, eine „Landkarte", ein Spiel, eine Kunstform und ein Medium, um Einsichten zu erlangen. Es wird auf professionelle Weise und für den persönlichen Gebrauch gelegt, um mehr über sich selbst zu erfahren, Beziehungen oder gesundheitliche Probleme zu verstehen und um im Berufsleben erfolgreich zu sein. Wenn man das Tarot der heutigen Zeit angemessen einsetzt, ist es kein okkulter, mittelalterlicher Hokuspokus.

Die Tarot-Spiele
Es gibt wahrscheinlich Tausende von Tarot-Spielen, aber nur einige Dutzend sind auf dem Markt erhältlich. Zwar hat jedes

---

* James Wanless: *Voyager Tarot. Die LebensReiseKarten.* Integral. Volkar-Magnum, Wessobrunn 1993

Spiel einzigartige Merkmale, aber dennoch kann alles, was in diesem Buch steht, auf jedes Spiel angewendet werden.

Als Grundlage für dieses Buch habe ich drei bekannte und unverwechselbare Spiele ausgewählt:

- Ich habe mich für das Tarot nach Rider-Waite entschieden, weil es das bekannteste Spiel ist. Obwohl es erst Anfang des 20. Jahrhunderts geschaffen wurde, ist es ein klassisches mittelalterliches Spiel, dessen Bilder eine starke archetypische Symbolik ausstrahlen. Die meisten Menschen denken an seine Symbolik, wenn sie das Wort „Tarot" hören.
- Das Thoth-Spiel nach Crowley, das in der gleichen Zeit wie das Rider-Waite-Spiel geschaffen wurde, habe ich wegen seiner Beliebtheit, seiner Schönheit und seiner Verbindung zur ägyptischen Mythologie ausgewählt, die ja eine der ursprünglichen Quellen der Großen Arkana darstellt. Als ich meine Karriere als Tarot-Berater und -Lehrer begann, arbeitete ich zunächst mit diesem Spiel. Für das Crowley Tarot habe ich 1987 ein Begleitbuch geschrieben.*
- Das Voyager Tarot habe ich deshalb ausgewählt, weil ich damit – als sein Schöpfer (zusammen mit dem Künstler Ken Knutson) – am vertrautesten bin. Voyager ist die moderne Fassung und Weiterentwicklung der klassischen Spiele nach Rider-Waite und Crowley. Es ist für das heutige Berufsleben ein sehr effektives Instrument, denn seine Symbole stammen aus der heutigen Welt. Daher können es die meisten Menschen sehr leicht verstehen und handhaben. Außerdem ist es praktisch orientiert und direkt auf die Probleme der heutigen Welt anwendbar. Aufgrund seines Bilderreichtums

---

* James Wanless: *New Age Tarot: Guide to the Thoth Deck.* Merrill-West Publishing, Carmel, Kalifornien 1987

und seiner durch Collagen dargestellten Symbolik ist es das Spiel, das Ihre Intuition am stärksten fördert. Es beinhaltet im Gegensatz zu den Spielen, die sich ausschließlich den Symbolen des westlichen Kulturraums bedienen, Symbole aus allen Teilen der Erde und spiegelt dadurch eine Welt der Vielfalt und der globalen Vernetzung wider. Das Spektrum seiner Bilder reicht von den neuesten technologischen Errungenschaften bis hin zu den primitivsten Ursprüngen der Menschheit. Voyager bedient sich einer universellen Sprache, die grenzüberschreitend ist und die die Vergangenheit mit der Zukunft verbindet. Da ich selbst Geschäftsmann bin, findet sich im Voyager Tarot ein gewisser Hauch von Unternehmertum, weswegen es sich im Geschäftsleben als äußerst nützlich erwiesen hat.

Wie ich schon sagte, spiegelt die Struktur des Tarots das zukünftige Paradigma des Berufslebens wider. Das traditionelle Spiel nach Rider-Waite mit seinen Hofkarten ist hierarchisch aufgebaut, während sich die moderne Arbeitswelt zu einer „Holoarchie" autonomer, entscheidungsbefugter arbeitender Menschen wandelt. Das Rider-Waite Tarot beruht auf europäischen Symbolen, während sich die moderne Geschäftswelt längst multikulturelle Inhalte angeeignet hat. Das Rider-Waite-Spiel wird normalerweise mit einer deterministischen Geisteshaltung gespielt, um die Zukunft vorauszusagen, während das heutige Berufsleben so sehr im Fluß ist, daß es voller Ungewißheiten und sich rapide ändernden Möglichkeiten steckt.

Das Crowley Tarot ist weiter entwickelt und der heutigen Zeit besser angepaßt, da seine Symbolik umfassender und nicht so patriarchalisch ist. Aber seine Kleinen Arkana sind für die meisten Menschen doch sehr esoterisch; außerdem wird es auch heute noch auf eine dogmatische Weise gespielt, die nicht zu der neuen Physik der Relativitätstheorie und der Quantensprünge paßt.

Diese beiden traditionellen Spiele haben jedoch ihren berechtigten Platz, da sie die Notwendigkeit von Hierarchie und vorhersehbaren Ergebnissen widerspiegeln. Wo kämen wir hin, wenn wir nicht einmal das Ergebnis bestimmter Ereignisse vorhersagen könnten, die in einer logischen Beziehung von Ursache und Wirkung zueinander stehen? Was würde geschehen, wenn Unternehmen keine bürokratische Struktur hätten, die die Arbeitsabläufe festlegt? Das Tarot ist ein allumfassendes, ganzheitliches Paradigma und beinhaltet daher auch die mechanistischen Geschäftspraktiken des Industriezeitalters. Gleichzeitig bietet es aber nicht-hierarchische, nicht-lineare und nicht-mechanistische Möglichkeiten an, Arbeitsabläufe zu gestalten.

Das entstehende Paradigma der ganzheitlichen Arbeitswelt spiegelt sich im Voyager Tarot wider, das sich sozusagen den großen traditionellen Spielen auf den Rücken geschwungen und das Tarot zu einer Methode weiterentwickelt hat, die ungeheure Möglichkeiten in sich birgt. Diese Möglichkeiten sind so gewaltig wie das sich weiterentwickelnde Universum selbst. Daher wurde das Spiel nach der Raumsonde Voyager benannt. Diese Metapher deutet auf die Reise in das innere Universum des Menschen hin. Es ist errechnet worden, daß die 22 Karten der Großen Arkana des Voyagers 1 124 727 000 777 607 680 000 Möglichkeiten beinhalten – und das ohne die individuellen Deutungsmöglichkeiten.

Ein Blick auf die Familienkarten des Voyager zeigt sofort, daß sie nicht vom hierarchischen und patriarchalischen Geist der traditionellen Hofkarten, sondern von einem Teamgeist geprägt sind, der Stellung und Funktion, Geschlecht und Alter vereint. Darüber hinaus hat das Voyager die strenge Negativität der mittelalterlichen Welt (das Töten mit dem Schwert im Rider-Waite und Karten wie *Untergang* und *Grausamkeit* im Crowley) abgeschafft. Wir wissen heute, daß wir die Welt durch unsere Wahrnehmung erschaffen, und Voyager betrachtet unser Selbst und die Welt mit aufgeklärten Augen, damit wir auch aufgeklärt leben und arbeiten können.

Ich nenne das Voyager oft das „intuitive Gegenstück zum Personalcomputer", denn wie der Computer, der die Arbeitswelt revolutioniert hat, ist es ein Symbolsystem voller Informationen, die Ihnen zu Unabhängigkeit und Macht verhelfen. Nur ist das Voyager eher eine Art Software, ein Instrument, das es Ihnen ermöglicht, über das ursprüngliche Programm hinaus direkt zur Quelle aller Kreativität zu gelangen. Wer einmal die Angst vor dem Computer überwunden hat, wird wohl nie wieder eine Schreibmaschine benutzen. Das Voyager wurde als nächste Generation des Tarots mit multifunktionalen Eigenschaften und Anwendungsmöglichkeiten entwickelt.

Für weitere Informationen über das Tarot empfehle ich die allgemein gehaltenen Bücher von Mary Greer, Angeles Arrien, Cynthia Giles, Rachel Pollack und meine eigenen. Über das Tarot im Berufsleben gibt es allerdings noch nicht viel Material. Es gibt aber andere Bücher über die Geschäftswelt und Orakel wie das I Ging oder die Astrologie.* Tarot hat diesen Instrumenten gegenüber den Vorteil, daß es direkt, intuitiv und kreativ ist, spielerisch mit der Macht der Symbole arbeitet und durch seine Struktur auf das Berufsleben anwendbar ist. Außerdem läßt sich leicht damit umgehen.

---

* siehe dazu die Literaturhinweise im Anhang

Warum Tarot?

Der beste Grund, mit dem Tarot zu arbeiten, ist einfach der, daß es funktioniert.

Ganzheitliche Systemorganisation

Das Tarot-Spiel kann als Modell zur Strukturierung Ihrer Arbeit dienen. Es ist eine ganzheitliche Landkarte des menschlichen Bewußtseins, ein revolutionäres Paradigma, mit dessen Hilfe die wertvollsten Talente und inneren Werte des Menschen zum Ausdruck gebracht werden können. Das Tarot bietet Ihnen ein ganzheitliches Organisationsmodell, mit dem Sie Ihr Berufsleben so strukturieren können, daß der Mensch (Sie und Ihre Mitarbeiter) im Mittelpunkt steht (siehe Kapitel 3: Die Struktur des Tarots).

Information, Intuition, Kreativität

Vereinfacht ausgedrückt ist das Tarot ein Informationsmedium, eine Methode, die Ihnen durch ihre bildhafte Symbolik hilft, Zugang zu neuartigen Informationen und neuen Perspektiven zu finden. Es kann benutzt werden, um Vorhersagen zu treffen und um herauszufinden, wie die Zukunft, die Sie sich vorstellen, Wirklichkeit werden kann. Es ist unmöglich, im Gebrauch dieses Instruments nicht kreativ zu sein. Tarot ist eine natürliche Form des Brainstormings, durch die Sie auf innovative Ideen kommen werden (siehe Kapitel 4: Das Spiel beginnt).

Produktivität

Das Tarot ist eine bewährte Methode, um sich mit Hilfe der universellen Persönlichkeitstypen der 22 Großen Arkana den umfassenden Reichtum der menschlichen Genialität und der inneren Ressourcen zunutze zu machen (siehe Kapitel 5: Produktivität und der Geschäftsmensch der Zukunft).

Führungsqualitäten und Management

Durch die Karten der Kleinen Arkana weckt das Tarot die notwendigen Eigenschaften und Fähigkeiten in Ihnen, die Sie brauchen, um Ihr Geschäft erfolgreich zu leiten (siehe Kapitel 6: Qualitätsmanagement und die Führungskraft der Zukunft).

Marketing und Verkauf

Mit Hilfe des Tarots gewinnen Sie eine neue Sicht des im Entstehen begriffenen globalen, ganzheitlichen Marktes, und Sie lernen, wie Sie dort Ihre Produkte oder Dienstleistungen erfolgreich verkaufen können (siehe Kapitel 7: Motivation und Marketing der Zukunft).

Motivation und Stärkung des Selbstbewußtseins

Mit Hilfe des Tarots werden Sie erkennen, wie Sie Ihre Bedürfnisse durchsetzen und Ihre beruflichen Ambitionen verwirklichen können (siehe Kapitel 7: Motivation und Marketing der Zukunft).

Das Tarot kann Sie durch seine positive, heroische und mythische Symbolik inspirieren, erfolgreich zu handeln. Es berührt Ihr Herz, stimuliert Ihren Verstand und inspiriert Ihre Seele (siehe Kapitel 9: Intuitiv planen und entscheiden).

Die Arbeit mit dem Tarot wird Ihr Selbstbewußtsein stärken. Die Macht der Symbole, der Bilder und des intuitiven Prozesses gibt Ihnen das Selbstvertrauen, das Sie brauchen, um Ihre Ziele zu erreichen.

Planen und entscheiden

Das Tarot gibt Ihnen die folgenden Instrumente in die Hand:
- eine Formel für erfolgreiches Wachstum
- ein Modell, mit dessen Hilfe Sie weitreichende Entscheidungen treffen können
- Szenarien, um die Zukunft zu erkennen und zu planen
- Prozesse, um Probleme zu lösen.

(Siehe Kapitel 9: Intuitiv planen und entscheiden.)

Wandlungsfähigkeit

Die Karten wechseln ebenso, wie sich das Leben und die Anforderungen Ihres Berufes ständig verändern. Sie lernen, das Beste aus dem zu machen, was Sie haben. Sie lernen, die Karten, die Ihnen das Leben zuteilt, auszuspielen.

Der Meister des Wandels, das Tarot, lehrt Sie

- flexibel zu sein,
- mit Überraschungen umzugehen,
- mit Ungewißheit fertig zu werden,
- die Zukunft zu verändern und nach Ihren Wünschen zu gestalten.

Durch seine „negativen" Karten lehrt Sie das Tarot, Schwierigkeiten in Möglichkeiten zu verwandeln (siehe Kapitel 8: Schwierigkeiten sind Möglichkeiten).

Spielerische Teamarbeit

Das Tarot ist auch ein Spiel und bietet Ihnen die Gelegenheit, mit den Mitarbeitern Ihrer Firma Spaß zu haben und zu kommunizieren. Es ist ein ausgezeichnetes Mittel, um in Teamsitzungen oder Besprechungen das Eis zu brechen. Indem Sie „Ihre Karten auf den Tisch legen", fördern Sie einen offenen und ehrlichen Dialog, ermöglichen ein effektives Brainstorming und inspirieren erfolgreiche Strategiedebatten (siehe Kapitel 10: Spielerische Teamarbeit).

Wer kann mit dem Tarot arbeiten?

- Absolut jeder und jede – schnell und leicht. Das Tarot ist nicht nur etwas für übersinnlich veranlagte Medien, sondern für uns alle, denn wir alle handeln nach unserer Intuition. Das Tarot bedient sich einer internationalen und universellen Symbolsprache, die ganz natürlich und geradezu unvermeidlich Reaktionen hervorruft.
- Manager ebenso wie Arbeiter
- einzelne ebenso wie Gruppen
- Unternehmer und Unternehmen
- jeder Mensch, gleich ob er oder sie Hausfrau, Mutter, Student, Beamtin oder Künstler ist.

Wann sollte man mit dem Tarot arbeiten?

Es gibt keine bestimmte Zeit, zu der man mit den Karten spielen sollte. Man kann es häufig, selten oder zu besonderen Anlässen tun. Aber die folgenden Zeiten haben sich bewährt:

- allmorgendlich vor Beginn der Arbeit, um Ihren „Tagesfokus" zu bestimmen
- immer wenn Sie nicht weiterwissen, sich eingeengt oder blockiert fühlen oder verwirrt sind
- immer wenn Sie Ihre Mitte finden möchten, Inspiration oder Klarheit suchen oder Ihr Selbstbewußtsein stärken möchten
- immer wenn Sie einfach Spaß haben wollen.

Tarot ohne Karten: Die Radio-Episode

Ich halte es für wichtig, nicht zu sehr von den Karten abhängig zu werden. Das wurde mir klar, als ich eines Tages eine Live-Sendung im Radio moderierte. Als ich im Studio ankam, merkte ich, daß ich meine Karten vergessen hatte. Was tun? Aha! Ich zog einfach eine Karte, die vor meinem geistigen Auge erschien, aus der Luft.

Sobald Sie mit den Karten vertraut sind, brauchen Sie sie nicht mehr ständig bei sich zu haben. Als mir die Anrufer in jener Radiosendung ihre Fragen stellten, klärte ich meinen Verstand, mischte die Karten vor meinem geistigen Auge, bis sich die richtige offenbarte – und es funktionierte!

Der Aufbau des Tarot gibt uns eine Struktur, nach der wir unser Leben organisieren können. Die Karten werden zu einem inneren Weisheitsbuch, das wir jederzeit vor unserem geistigen Auge aufschlagen können, um in jedem Moment unseres Leben zu wissen, welche Handlung angemessen ist.

Es gibt zum Beispiel Zeiten in meinem Beruf, in denen ich – wie wir alle – viel zuviel zu tun habe und immer mehr in Streß gerate. Dann erscheint plötzlich aus heiterem Himmel mein innerer Tarot-Führer, und ich muß an die Karte *Spielender* oder die Karte *Mitgefühl* denken. Also entspanne ich mich und mache eine Pause. Das Tarot erinnert uns in seiner Weisheit und der Macht seiner Bilder daran, daß wir in einem dynamischen Gleichgewicht leben, nichts übertreiben und nicht erstarren sollten. Ausgeglichenheit ist das Geheimnis der Gesundheit – und Gesundheit ist unser größter Reichtum.

Wo sollte man mit dem Tarot arbeiten?

In Besprechungen, im Büro, im Flugzeug. Das Schöne am Tarot ist, daß es so handlich und damit ein wahrhaft tragbares Instrument ist, das Sie im Schreibtisch, zu Hause oder in Ihrem Aktenkoffer aufbewahren und jederzeit auf Reisen mitnehmen können.

Sie können in Ruhe vor oder nach der Arbeit, zu Hause oder in der Firma mit den Karten arbeiten. Sie können sie während einer Besprechung konsultieren, im Flugzeug oder während Sie auf ein Flugzeug warten. Es hat sich bewährt, eine Karte zu ziehen, um vorzufühlen, wie eine Besprechung laufen wird, auf welche Weise ein Klient angesprochen werden sollte oder was nach der Besprechung zu tun ist.

Tarot in brenzligen Situationen:
Im Fahrstuhl steckengeblieben

Manchmal erweisen sich die Karten in den merkwürdigsten Situationen als nützlich. Letztes Jahr, als ich in Stuttgart einen Vortrag halten sollte, blieb der Lastenaufzug stecken, in dem ich mich mit Volker, meinem deutschen Verleger, befand. Und dies geschah an einem Freitag abend in einem Bürohochhaus, nachdem bereits alle Angestellten nach Hause gegangen waren.

Was tun? Allmählich wurde uns mulmig. Da sagte Volker, der im Rahmen seiner erfolgreichen Verlegertätigkeit häufig mit den Karten arbeitet: „Ziehen wir doch eine Karte!" Die Karte, die ich aus dem verdeckt liegenden Voyager zog, war *Gelassenheit,* eine kühle, ausgeglichene, etwas distanzierte, leidenschaftslose Karte. Sie sagte mir: „Beruhige dich, meditiere, diese Situation wird vorübergehen." Mein inneres Gleichgewicht stellte sich wieder ein, die Panik verschwand, ich fühlte mich erleichtert.

Wie schon so oft hatte mir auch diesmal das Tarot einen Ausweg gezeigt. Die Karten sind unsere Verbündeten und unsere besten Freunde. Aber es ist wichtig, im Auge zu behalten, daß es nicht die Karten sind, die Sie retten. Die Karten lösen lediglich eine Reaktion in Ihrem Inneren aus, die Sie dann in Handlungen umsetzen müssen. Wir geben unsere Entscheidungsfreiheit niemals zugunsten der Karten auf.

Ach ja, der Fahrstuhl. Schließlich wurden wir gerettet – wie es schien, von der gesamten Feuerwehr der Stadt Stuttgart.

3
Die Struktur des Tarots

Die zukünftige Organisation der Arbeitswelt

Die Struktur des Tarot-Spiels kann als Modell für die Organisationsstruktur einer Firma dienen. Da das Tarot eine integrierte Landkarte des ganzen Menschen darstellt, ist sie auch ein Beispiel dafür, wie man Geschäfte ganzheitlich und menschlich führen kann. Nach der Philosophie und Psychologie des Tarots sollten Organisationsformen das Selbst widerspiegeln und erweitern. Dieser humanistische und ganzheitliche Ansatz bricht radikal mit der mechanistischen, hierarchischen und bürokratischen Organisation der Arbeitswelt, die im Industriezeitalter der Vergangenheit funktioniert haben mag, aber bereits heute in vielen Bereichen des Kommunikationszeitalters und der informationsverarbeitenden Industrie überholt und hinderlich ist.

Der Aufbau des Tarot-Spiels

Alle Tarot-Spiele sind in drei Teile unterteilt: in die Großen Arkana, die Kleinen Arkana und die Hofkarten.

Die 22 Großen Arkana repräsentieren die Teilpersönlichkeiten, die jedem Menschen innewohnen. Diese Persönlichkeitsaspekte sind unser Reichtum, unsere inneren Ressourcen, die es uns – wenn sie einen angemessenen Ausdruck finden – ermöglichen, unbegrenzt kreativ und produktiv zu sein.

Die vier Farbserien der Kleinen Arkana repräsentieren die jedem Menschen innewohnenden Eigenschaften des Verstandes (Kristalle/Schwerter), des Herzens (Kelche), des Körpers (Welten/Scheiben/Münzen) und des Geistes (Stäbe). Diese Farbserien symbolisieren Richtlinien, anhand derer effiziente Führungs- und Managementqualitäten entwickelt und Geschäfte auf qualitativ hoher Ebene geführt werden können.

Die Hofkarten (Königin, Ritter, Prinz und Prinzessin im Crowley; König, Königin, Ritter und Bube im Rider-Waite), im Voyager Familienkarten genannt (Weiser, Frau, Mann und Kind), repräsentieren das höchste Streben unserer Familie des inneren Selbst. Außerdem symbolisieren sie die Angestellten, die „Familie" eines Unternehmens ebenso wie die Kundschaft, den Markt, die Käufer, deren Bedürfnisse und Wünsche erfüllt werden müssen. Diese Erfüllungskarten sind die Schlüssel für eine erfolgreiche Verkaufsstrategie sowie für die Motivierung der Angestellten und die Stärkung ihrer Arbeitsmoral.

Wie ich noch zeigen werde, sind diese drei Teile des Tarots miteinander verbunden und symbolisieren den ganzen Menschen und – als dessen Erweiterung – die ganzheitlich organisierte, auf den Menschen ausgerichtete Firma.

- Die Persönlichkeitskarten der Großen Arkana sind der Schlüssel für Produktivität.
- Die Eigenschaftenkarten der Kleinen Arkana sind der Schlüssel für erfolgreiches Management.
- Die Erfüllungskarten der königlichen Familie sind der Schlüssel für Marketing/Verkauf und Motivation.

Persönlichkeitskarten – Produktivität

Die Großen Arkana

Durch die 22 Karten der Großen Arkana können wir unser gesamtes Potential erforschen und kreativer und produktiver werden. Diese Hauptkarten repräsentieren die inneren Ressourcen eines Menschen, die durch 22 universelle Persönlichkeitstypen symbolisiert werden. Ja, Sie haben richtig gelesen: Persönlichkeitsanteile sind Ressourcen, denn jeder von Ihnen besitzt eine einzigartige Genialität und kann im Berufsleben eine besondere Rolle spielen. Werden diese jedem von uns innewohnenden Teilpersönlichkeiten integriert und gelebt – nicht nur in uns selbst, sondern auch innerhalb der Firmenstruktur –, hat dies eine erhöhte Produktivität zur Folge.

Die Großen Arkana ähneln sich in allen Tarot-Spielen, allerdings gibt es einige Unterschiede in der Symbolik und in der Benennung der Karten. Die folgende Tabelle zeigt die Karten der Großen Arkana mit ihren Nummern, ihren Namen (bei Unterschieden werden alle Namen aufgeführt), den natürlichen Rollen, die sie im Geschäftsleben spielen, und den universellen Gesetzen, die sie repräsentieren (wie im Begleitbuch zum Voyager Tarot beschrieben).

Die Persönlichkeitskarten der Großen Arkana

Nr.	Name im Voyager im Crowley im Rider-Waite	Rolle im Geschäftsleben	Universelles Gesetz
0	Narr und Kind Narr Narr	Das Genie	Vertrauen in das Universum
I	Der Magier	Der Vermarkter	Talent
II	Die Priesterin Die Hohepriesterin Die Hohepriesterin	Der Berater	Wissen
III	Die Herrscherin Die Kaiserin Die Herrscherin	Der Personalberater	Bewahren
IV	Der Herrscher Der Kaiser Der Herrscher	Die Führungskraft	Materielle Entwicklung
V	Der Hohepriester Der Hohepriester Der Hierophant	Der Mentor	Meisterschaft
VI	Die Liebenden	Der Teambauer	Vereinigung
VII	Der Wagen	Der Motivator	Bewegung
VIII VIII XI	Ausgleich Ausgleichung Gerechtigkeit	Der Buchhalter	Aktion und Reaktion
IX	Der Eremit	Der Qualitätskontrolleur	Vollendung/Perfektion
X	Fülle Glück Rad des Schicksals	Der Unternehmer	Reichtum/Gedeihen
XI XI VIII	Stärke Lust Kraft	Der Organisator	Herrschaft/Selbstbeherrschung
XII	Der Hängende Der Gehängte Der Gehängte	Der Arbeiter	Umkehrung

\#			
\multicolumn{4}{c}{**Die Persönlichkeitskarten der Großen Arkana**}			

Nr.	Name im Voyager im Crowley im Rider-Waite	Rolle im Geschäftsleben	Universelles Gesetz
XIII	Tod	Der Wirtschafter	Vergänglichkeit
XIV	Kunst Kunst Mäßigkeit	Der Designer	Kreativität
XV	Der spielende Teufel Der Teufel Der Teufel	Die soziale Mutter-/ Vaterfigur	Feiern
XVI	Der Turm	Der Visionär	Läuterung
XVII	Der Stern	Der Sprecher	Leuchten
XVIII	Der Mond	Der Kunde	Zyklen/Kreislauf
XIX	Die Sonne	Der Manager	Leben
XX	Raum und Zeit Das Aeon Gericht	Der Planer	Karma
XXI	Das Universum Das Universum Die Welt	Der ganze Mensch	Universalität

Eigenschaftenkarten – Richtlinien fürs Management

Die Kleinen Arkana

Ein Tarot-Spiel hat vier Farbserien. Jede Farbe besteht aus 14 Karten (As bis Zehn und die vier Mitglieder der königlichen Familie). As bis Zehn repräsentieren die Eigenschaften und Werte, die notwendig sind, um ein Unternehmen erfolgreich zu führen. Sie werden in den folgenden Tabellen beschrieben.

Effiziente Führungsqualitäten schließen den ganzen Menschen mit ein; an jeder seiner Handlungen nehmen Verstand, Herz und Seele teil. Eine wahre Führungskraft lebt, was sie predigt, spürt, was vorgeht, und weist den Weg. Erfolgreiche Führungskräfte leben ihre Leidenschaft in einem gesunden, energiegeladenen Körper und besitzen einen kristallklaren Verstand. Sie verwirklichen sich in ihrem Beruf.

- Kristalle/Schwerter symbolisieren den Verstand, mentale Eigenschaften und Zustände.
- Kelche symbolisieren das Herz, emotionale Eigenschaften und Zustände.
- Welten/Scheiben/Münzen symbolisieren den Körper und die Arbeit, körperliche und berufliche Eigenschaften und Zustände.
- Stäbe symbolisieren den Geist, Eigenschaften und Zustände des höheren Selbst.

In den folgenden drei Tabellen sind die Karten der Kleinen Arkana jeder Farbserie aufgeführt.

Eigenschaftenkarten der Kleinen Arkana – Voyager

	Kristalle	Kelche	Welten	Stäbe
As	Klarheit	Ekstase	Erfolg	Erleuchtung
Zwei	Gelassenheit	Gleichgewicht	Betrachtung	Reinheit
Drei	Kreativität	Liebe	Nähren	Mitgefühl
Vier	Logik	Wut	Neubeginn	Aufstreben
Fünf	Negativität	Enttäuschung	Rückschlag	Unterdrückung
Sechs	Verwirrung	Trauer	Synergie	Vertrauen
Sieben	Stumpfheit	Angst	Durchbruch	Mut
Acht	Synthese	Stillstand	Veränderung	Harmonie
Neun	Einengung	Erfüllung	Ernte	Integrität
Zehn	Selbsttäuschung	Leidenschaft	Belohnung	Wachstum

Eigenschaftenkarten der Kleinen Arkana – Crowley

	Schwerter	Kelche	Scheiben	Stäbe
As	Klarheit	Ekstase	Leistung	Erleuchtung
Zwei	Frieden	Liebe	Wechsel	Herrschaft
Drei	Kummer	Fülle	Arbeit	Tugend
Vier	Waffenruhe	Üppigkeit	Macht	Vollendung
Fünf	Niederlage	Enttäuschung	Quälerei	Streben
Sechs	Wissenschaft	Genuß	Erfolg	Sieg
Sieben	Vergeblichkeit	Verderbnis	Fehlschlag	Tapferkeit
Acht	Einmischung	Trägheit	Umsicht	Schnelligkeit
Neun	Grausamkeit	Freude	Gewinn	Stärke
Zehn	Untergang	Sattheit	Reichtum	Unterdrückung

(Die Asse des Crowley Tarots haben keine offiziellen Namen. Zum besseren Verständnis habe ich ihnen hier Namen gegeben.)

Eigenschaftenkarten der Kleinen Arkana – Rider-Waite

	Schwerter	Kelche	Münzen	Stäbe
As	Klarheit	Ekstase	Leistung	Erleuchtung
Zwei	Gleichgewicht	Liebe	Wandel	Herrschaft
Drei	Kummer	Überfluß	Bauen	Tugend
Vier	Rückzug	Verschlossenheit	Macht	Vollendung
Fünf	Niederlage	Enttäuschung	Armutsbewußtsein	Hader
Sechs	Übergang	Gefühl	Erfolg	Sieg
Sieben	Täuschung	Zauberei	Wachstum	Tapferkeit
Acht	Gefangenschaft	Zurückweisung	Handwerk	Vorausschau
Neun	Angst	Erfüllung	Wohlstand	Stärke
Zehn	Endgültigkeit	Freude	Reichtum	Unterdrückung

(Die Karten des Rider-Waite Tarots haben keine offiziellen Namen. Zum besseren Verständnis habe ich ihnen hier Namen gegeben.)

Die Eigenschaftenkarten der Kleinen Arkana stehen in Beziehung zu den Persönlichkeitskarten der Großen Arkana. Sie sind die Eigenschaften der Persönlichkeit mit der gleichen Nummer (das trifft ganz besonders auf die Voyager-Karten zu). Asse mit der Nummer 1 symbolisieren zum Beispiel die Eigenschaften der Persönlichkeitskarte I *Der Magier* (Vermarkter).

Eigenschaft	Persönlichkeit
As	Der Magier
Zwei	Die Priesterin / Die Hohepriesterin
Drei	Die Herrscherin / Die Kaiserin
Vier	Der Herrscher / Der Kaiser
Fünf	Der Hohepriester / Der Hierophant
Sechs	Die Liebenden
Sieben	Der Wagen
Acht	Ausgleich / Ausgleichung / Kraft
Neun	Der Eremit
Zehn	Fülle / Glück

Die Anwendung der ganzheitlichen Tarot-Struktur

Verkaufsmagie: Der Magier und die vier Asse

Um Ihren Verkaufserfolg zu steigern, sollten Sie sich vorstellen, Sie wären ein Magier mit den Eigenschaften der vier Asse (die Karte *Der Magier* zeigt die Werkzeuge oder Asse, die der Magier in der Hand hat). Das wird Ihnen helfen, Ihre Marketingqualitäten und Ihr Talent hervorzubringen. Wer ein Produkt oder eine Dienstleistung verkaufen will, muß zunächst einmal daran glauben, daß er dazu fähig ist (im Voyager wird das durch die goldene Krone des positiven Denkens, die der Magier trägt, symbolisiert). Dann sollte er dem Rat der vier Asse folgen, denn sie repräsentieren die entscheidenden Eigenschaften, die man braucht, um erfolgreich zu verkaufen.

Erfolgreiche Verkäufer sind:
- brillant und klar. Sie wissen, was sie verkaufen (As der Kristalle / Schwerter).
- ekstatisch. Sie sind wirklich von ihrem Produkt begeistert und überzeugt (As der Kelche).

- erfolgreich. Sie bieten ein Qualitätsprodukt zum richtigen Preis an (As der Welten / Scheiben / Münzen).
- informiert und erleuchtet. Sie sind in der Lage, die Möglichkeiten des Produkts zu erklären und vorzuführen (As der Stäbe).

Um die Verkaufsfähigkeiten des Magiers in sich selbst zu entwickeln und zu kultivieren oder in anderen zu fördern, machen Sie sich die Persönlichkeitsressource der *Herrscherin/Kaiserin* zunutze. Die Karte III *Die Herrscherin/Die Kaiserin* repräsentiert die nährende Kraft in Ihnen und besitzt die Eigenschaften der Dreierkarten der Kleinen Arkana (die folgenden Dreierkarten tragen die Namen aus dem Voyager).

- Liebe: Nehmen Sie den *Magier* in sich an, schneiden Sie sich nicht von ihm ab, verleugnen Sie ihn nicht (Drei der Kelche).
- Kreativität: Setzen Sie Ihre Magie frei, finden Sie einen geeigneten Ausdruck für sie (Drei der Kristalle).
- Nähren: Nähren Sie geduldig den *Magier* in sich, unterstützen, beschützen und ermutigen Sie ihn (Drei der Welten).
- Mitgefühl: Nähren Sie ihn auf liebevolle und weise Art (Drei der Stäbe).

Sie können die Aspekte, die die *Herrscherin* verkörpert, und die mit ihr verbundenen Dreiereigenschaften beherzigen, um jeden Aspekt Ihres Selbst und Ihres Berufes zu entwickeln oder zu verbessern.

Ganzheitliche Weisheit in Aktion
Nach dem eben beschriebenen Prinzip läßt sich mit den ersten zehn Hauptkarten und den zu ihnen gehörenden Nebenkarten arbeiten.

Wenn Sie beispielsweise in Ihrem Leben oder Ihrem Beruf etwas beginnen oder verstärken möchten, schauen Sie sich an, welche Energie die Karte VII *Der Wagen* (Beweger und Motivator) besitzt und welchen Rat sie Ihnen gibt. Dann machen Sie sich die Eigenschaften der Siebenerkarten zunutze, die Ihnen helfen werden, etwas in Gang zu setzen.

 Wie Sie die Botschaft einer Karte verinnerlichen und anwenden können, lesen Sie in Kapitel 4: Das Spiel beginnt und in Kapitel 9: Intuitiv planen und entscheiden. Dort finden Sie auch Informationen zum Tagesfokus und das Legesystem „Die Tageskarte".

Erfüllungskarten – Marketing und Motivation

Die königlichen Familienkarten
Jedes Tarot besitzt 16 Hof- oder – wie sie im Voyager heißen – Familienkarten. Ich werde sie im folgenden „Königliche Familienkarten" nennen. Jede der vier Farbserien hat eine königliche Familie.

In bezug auf die Geschäftswelt werden sie Erfüllungskarten genannt, weil sie Kunden repräsentieren, deren Bedürfnisse erfüllt werden müssen. Außerdem repräsentieren sie die Erfüllung Ihrer eigenen Bedürfnisse sowie die Ihrer Angestellten und Kollegen. Die Erfüllungskarten geben Anregungen, wie sich ein Produkt oder eine Dienstleistung vermarkten läßt und wie die eigene Moral und die anderer aufrechterhalten oder gestärkt werden kann.

Die Verbindungen der königlichen Familie
Die Erfüllungskarten der königlichen Familie sind jeweils Teil einer bestimmten Farbserie und dadurch bereits mit den anderen Karten dieser Farbe verbunden. Die Frau der Kristalle ist

zum Beispiel mit dem As der Kristalle verbunden. Beide weisen auf mentale Durchbrüche hin und auf die Möglichkeit, Klarheit zu erlangen.

Jeweils vier Karten der königlichen Familie sind offensichtlich miteinander verbunden. Mann und Frau beziehungsweise König und Königin repräsentieren die männlichen und weiblichen Eigenschaften eines jeden Bereichs, gleich ob es sich dabei nun um den mentalen, emotionalen, körperlichen oder spirituellen handelt. Kind, Prinz, Bube, Ritter oder Prinzessin symbolisieren eher jugendliche Ausdrucksformen der jeweiligen Farbe. Hat der Mann der Welten also zum Beispiel schon Erfolg, so strebt das Kind der Welten noch danach.

Die vier weiblichen Karten verbindet der Aspekt ihrer Weiblichkeit, die vier männlichen ihre Männlichkeit und die vier jugendlichen Karten stehen durch ihre Jugendlichkeit in einem Zusammenhang. Der Weise des Voyager-Spiels, der den Großvater/die Großmutter repräsentiert, hat kein direktes Äquivalent in den anderen Spielen. Er symbolisiert die androgyne Weisheit älterer Menschen.

Die königlichen Familienkarten sind wichtig, weil sie die Integration von Geschlecht und Alter symbolisieren. In einer Zeit, in der die traditionelle Familienstruktur aufgehört hat zu existieren, in der Frauen ins Berufsleben eintreten, ältere Menschen einen Neueinstieg wagen und in der Jugendlichkeit kulturell überbetont wird, muß ein Geschäftsmensch, der nicht nur überleben, sondern erfolgreich sein will, *ganz* sein und sowohl Reife als auch Jugendlichkeit ausstrahlen, männliche und weibliche Eigenschaften integrieren.

In der heutigen Zeit beeindruckt niemand so sehr wie ein Mensch, der die besten Eigenschaften des Alters und der Jugend gleichzeitig verkörpert, der erfahren ist und zugleich staunen kann. Frauen finden selbstbewußte Männer, die auch ihre Gefühle ausdrücken können – die also wahre Könige sind –, außerordentlich attraktiv. Und für einen Mann ist eine Frau, die nicht nur feminin, sondern auch erfolgreich ist, die wahre Königin.

In der folgenden Tabelle sind die Familienkarten des Voyager Tarots aufgeführt. Die Hofkarten der Rider-Waite- und Crowley-Spiele haben Titel, aber keine Namen. In der zweiten Tabelle werden die unterschiedlichen Titel aller drei Systeme genannt.

Erfüllungskarten der königlichen Familie – Voyager				
	Kristalle	**Kelche**	**Welten**	**Stäbe**
Kind	Lernender	Fühlender	Spielender	Suchender
Mann	Erfinder	Wellenreiter	Sieger	Schauspieler
Frau	Wächterin	Glückselige	Bewahrerin	Wahrnehmende
Weiser	Wissender	Erneuerer	Meister	Sehender

Titel der königlichen Familienkarten		
Voyager	**Crowley**	**Rider-Waite**
Kind	Prinz	Bube
Mann	Prinzessin	Königin
Frau	Königin	Ritter
Weiser	Ritter	König

Die Struktur des Voyager

Das Voyager-Modell fürs Business basiert auf dem allgemeinen Tarot-Prinzip der Ganzheit und auf dem Glanz der Sterne, der auch in uns leuchtet. Tatsächlich bestehen wir aus den gleichen Elementen wie die Sterne. Das Voyager Tarot ist ein „ganzheitliches Sternsystem", das die menschliche Genialität hervorbringt und zugleich organisiert. Schauen Sie sich die Abbildung der menschlichen DNS auf der Rückseite der Voyager-Karten an. Sie zeigt ein sternähnliches Mandala, ein Symbol für den „Star", der Sie wahrhaft sind.

Erfolg beginnt im Inneren. In uns liegen alle Antworten und alle Ressourcen bereit. Erfolg ist unser Geburtsrecht – er ist in unserer DNS programmiert. All die Eigenschaften und Fähigkeiten, die wir benötigen, um zu wachsen und erfolgreich zu sein, sind bereits in uns. Die Raumsonde Voyager war unser bisher erfolgreichster Versuch, die Sterne zu erforschen, das Voyager Tarot soll es ermöglichen, den Stern zu erforschen, der jeder von uns ist. Voyager hilft uns durch seine bildhaften Symbole, das zu erhellen, was wir tief in unserem Inneren bereits wissen. Wie jedes innere Forschungsprojekt soll auch das Voyager die verborgenen Wunder des Selbst enthüllen. Dabei entstehen neuartige Ideen und veränderte Sichtweisen, und wir gewinnen neue Informationen, die uns kühn den Weg zum professionellen Erfolg beschreiten lassen.

Die Strukturierung der Genialität

Das Tarot ist ein Instrument, das die wichtigste Ressource einer jeden Firma erschließen hilft: die menschliche Genialität. Jeder Mensch besitzt diese Genialität, denn jeder von uns wurde mit Genen geboren. Das soll kein witziges Wortspiel sein, sondern einfach der Ausdruck der Wahrheit. In jedem von uns lebt die Genialität, jeder von uns ist auf seine Weise ein leuchtender Stern.

Die Voyager-Methode besteht darin, alles zu tun, um diese Qualität in jedem Mitglied der Firma hervorzubringen. Genialität kann sich aber nur entfalten, wenn jedem Angestellten die Möglichkeit gegeben wird, er selbst zu sein und sich auf seine Weise auszudrücken. Jeder von uns drückt sein einzigartiges Selbst auf geniale Weise aus. Wenn wir nicht aus uns heraus leuchten dürfen, können wir unsere Genialität auch nicht verwirklichen.

In der traditionell organisierten Arbeitswelt – und im traditionellen Tarot – schränkt die Organisationsstruktur die volle Entfaltung des einzelnen ein. Als Politologe habe ich Organisationen untersucht und in bürokratischen und hierarchischen Systemen gearbeitet. Ich weiß daher – wie Sie wahrscheinlich auch –, daß diese Organisationsformen die Freiheit der Imagination und damit die Genialität unterdrücken. Sie fördern statt dessen Gruppendenken und Konformität. Das muß aber nicht so sein, denn eine Organisation kann – und muß sogar – Arbeitsweisen fördern und praktizieren, die dem „ganzheitlichen Sternsystem" entsprechen.

Genialität gedeiht in einem ganzheitlichen Umfeld, in dem alle Aspekte des Menschen anerkannt und gewürdigt werden. Genialität ist das synergetische Produkt aus der emotionalen Leidenschaftlichkeit und der mentalen Wißbegierde eines gesunden, vor Lebenskraft strotzenden Körpers. Im Business unterstützt das „ganzheitliche Sternsystem" das Ausdrücken von Gefühlen, eine gesunde Lebensweise sowie kreatives Denken und hilft dem einzelnen, seinem Leben einen Sinn zu geben. Genialität erblüht, wenn der ganze Mensch gefordert wird, wenn Verstand, Körper, Herz und Geist zusammenarbeiten, um wie ein Stern zu strahlen. Als man Genies untersuchte, fand man heraus, daß Genialität eine Art alchimistischer Prozeß ist, der unterschiedliche, ja sogar gegensätzliche Aspekte vereinigt, von denen jeder seine eigene Intelligenz besitzt. Das Herz ist

Intuition im Business

ebenso weise wie der Körper oder das kollektive und universelle Unbewußte des Menschen. Ganzheitliches Denken ist ganzherzliches, ganzkörperliches und ganzweltliches, globales Denken.

Sie können sich die ursprüngliche, kreative Intelligenz der Genialität erschließen, wenn Sie all Ihre archetypischen Teilpersönlichkeiten leben, die durch die Karten der Großen Arkana repräsentiert werden. Sie können also ein abenteuerlustiger *Narr* sein oder ein verantwortungsbewußter *Herrscher*, ein waghalsiger, seine *Fülle* riskierender Unternehmer oder ein bodenständiger, konservativer *Eremit;* Sie können eine feurige, dynamische *Sonne* oder ein stiller, nachdenklicher *Mond* sein. In einem Unternehmen, in der ausdrucksstarke, selbständige, selbstbewußte, ausgeglichene und ganze Menschen arbeiten, erblüht die Genialität auf ganz natürliche Weise.

Synergie

Wenn all unsere verschiedenen Aspekte zusammenkommen, entsteht ein synergetischer Effekt, der sich dadurch auszeichnet, daß das Ganze größer ist als die Summe seiner Teile. Im Grunde geht es um Energie. Energie ist der Schlüssel zum Erfolg schlechthin. Wenn genügend Energie vorhanden ist, ist alles möglich. Der wichtigste Aspekt des Erfolgs ist die Vervielfachung von Energie durch Synergie. Das ist die Quelle aller Quellen, denn der Begriff „Synergie" kommt aus dem Griechischen und meint ursprünglich die „Energie des Sonnengestirns".

Die ganzheitliche, synergetische Qualität der Genialität und des Umfelds, das sie fördert, läßt sich auch innerhalb der Struktur der menschlichen DNS finden. Sie ist in sich geschlossen und daher autonom; sie hat zehn Punkte und ist daher vollständig; sie ist kreisförmig und daher synergetisch; sie hat vier Himmelsrichtungen und ist daher integriert; sie hat ein Zentrum und besitzt daher Integrität; sie beinhaltet unsere kollektive und individuelle Vergangenheit und birgt den Samen der Zukunft. Da alle diese Aspekte miteinander verbunden sind, ist die DNS kommunikativ, vernetzt und co-kreativ.

Energie – ein Funke genügt

Die Magie des Tarots liegt in der Energie, die es Ihnen schenkt. Die Karten *sind* Energie und geben Ihnen den entscheidenden Anstoß – manchmal auch einen richtigen Schubs. Sie bringen Sie in Schwung und verführen Sie dazu, ganzheitlich zu sehen, zu fühlen, zu denken und zu handeln. Daraus entsteht der Synergieeffekt.

Aus diesem Grunde bin ich der Karten in 17 Jahren noch nie überdrüssig geworden. Weil sie uns so energetisieren, spielen wir immer wieder mit ihnen – und Wiederholung ist der Schlüssel zum Erfolg. Immer wieder geben uns die Karten Auftrieb, und im Lauf der Zeit verkörpern wir ihre Energie ganz natürlich – und drücken sie auch aus. Wir werden selbst zum Sonnengestirn, zu einem strahlenden Wesen, das über unbegrenzte Energie verfügt.

Denken Sie daran, daß man nur einen Funken braucht, um ein Feuer zu entfachen! Schon eine einzige Karte kann Ihr ganzes Leben verändern. Und wenn Sie jeden Tag eine Karte ziehen, verändern Sie Ihr Leben jeden Tag!

Das System spiegelt den einzelnen wider

Im „ganzheitlichen Sternsystem" des Voyager steht der Mensch im Mittelpunkt. Wie in einer Galaxie, so ist auch in einem Unternehmen jeder Mitarbeiter auf seine Weise sein eigener Stern, aber wenn Sterne zu einem Sternenhaufen zusammengefügt werden, entsteht ein System kooperativer und co-kreativer Synergie. Getreu dem Motto „Wie oben, so unten" wird die ganzheitliche Struktur der individuellen Genialität von dem übergeordneten System widergespiegelt. Wir wissen heute, daß wir in einem fraktalen Universum leben, in dem jeder Teil einem größeren oder kleineren Teil entspricht. In der Antike galt die Menschheit daher als Mikrokosmos des Makrokosmos. Auf der Rückseite der Voyager-Karten sehen Sie in der Mitte der großen DNS eine kleinere. Ebenso ist das „ganzheitliche Business-System" eine übergeordnete Version der Struktur und der Energie des Individuums.

Nutzen Sie die Kraft der Sterne in Ihrem Beruf

Wenn Sie Ihr Unternehmen so organisieren, daß es der sozialen Architektur und dem kulturellen Wertesystem des DNS-Sterns entspricht, befinden Sie sich mit der natürlichen Ordnung des großen Universums ebenso im Einklang wie mit der des menschlichen Universums. Dann steht Ihnen die Kraft eines lebensspendenden, allgewaltigen Sonnengestirns zur Verfügung.

Ein ganzheitliches Business kann gar nicht anders als strahlen und aus der Masse herausragen. Wie ein Stern wird auch Ihre Firma gesehen, geschätzt und gewürdigt werden. Wie ein Stern werden auch Sie Einfluß haben und anderen den Weg zeigen. Und wie ein Stern werden auch Sie und Ihr Unternehmen Anziehungskraft besitzen und Kunden und Käufer anziehen und verzaubern.

4
Das Spiel beginnt

Die Legemethode des Tarots ist sehr einfach:

1) Wählen Sie ein Thema aus, ein berufliches Ziel. Was möchten Sie erreichen?
2) Formulieren Sie eine Frage. Was möchten Sie über dieses Thema erfahren?
3) Mischen Sie die Karten, legen Sie sie verdeckt vor sich hin, und ziehen Sie eine Karte.
4) Deuten Sie die Botschaft der Karte mit Hilfe Ihrer Intuition.
5) Handeln Sie Ihrer Intuition entsprechend.

Das Thema (die Suche)

Das Thema, das Sie beschäftigt, kann jeden Aspekt Ihres Berufslebens betreffen. Vielleicht möchten Sie einfach etwas in die richtige Perspektive rücken, vielleicht sind Sie auf der Suche nach Ihrem höchsten Ziel. Einer der Vorteile des Tarots besteht darin, daß das Spiel es Ihnen ermöglicht, herauszufinden, was Sie wirklich erreichen wollen. Erfolg kann sich nur dann einstellen, wenn Sie sich Ziele gesetzt haben.

Wie man Fragen stellt

Sie können dem Tarot jede Frage stellen – zu jedem Thema aus Vergangenheit, Gegenwart oder Zukunft. Sie können „was", „warum", „wie", „wer", „wann" oder „wo" ebenso fragen wie: „Kann ich?", „Soll ich?", „Könnte ich?" oder „Werde ich?".

Im allgemeinen geben einem Fragen, die mit „wie" beginnen, die am besten verwertbaren Informationen. Fragen wie „Werde ich?" oder „Wann werde ich?" sind am schwersten zu beantworten, weil sie am spekulativsten sind. Meiner Meinung nach sind dies die unwichtigsten Fragen, und sie sollten am ehesten zum Schluß gestellt werden. Es kann gefährlich oder irreführend sein, konkrete Einzelheiten eines zukünftigen Ereignisses herausfinden zu wollen, denn möglicherweise sind Sie dann auf etwas Bestimmtes fixiert, das vielleicht gar nicht eintreffen wird. Alles geschieht zu seiner Zeit und auf seine Weise, und wir können die Zukunft nicht exakt voraussagen.

Wer das Tarot auf moderne Weise einsetzt, erfährt etwas über *Möglichkeiten*, die er verwirklichen kann, und darüber, wie er mit der überraschenden Art und Weise, mit der Möglichkeiten oft Wirklichkeit werden, umgehen kann. Wenn Sie also nach einem konkreten Ergebnis fragen – „Was wird geschehen?" –, sollten Sie im Auge behalten, daß Sie nur erfahren werden, was *möglich* ist. Wer aber weiß, was möglich ist, der hat größere Macht, es entweder zu verwirklichen oder zu verhindern.

Die richtige Frage
Manchmal bekommen wir nicht die richtigen Informationen, weil wir nicht die richtige Frage stellen. Daher sollten Sie für jedes Thema eine Karte ziehen, die Ihnen rät, *wie* Sie Ihre Frage stellen oder *welche* Frage Sie überhaupt stellen sollen. Wie schon Albert Einstein sagte, ist die Formulierung der Frage weit wichtiger als die Antwort. Das Tarot lehrt Sie, die richtige Frage zu stellen – und häufig enthält die Frage schon die Antwort.

Erfolg beginnt im Innern

Viele von uns wissen bereits die Antworten, aber leider oft auf die falschen Fragen. Das ist Desinformation oder Selbsttäuschung in ihrer höchsten Form.

Welches aber ist die richtige Frage? Da das Tarot davon ausgeht, daß Erfolg von innen kommt, ist es häufig nützlich, zunächst nach inneren Ressourcen und Talenten zu fragen, bevor Sie sich an die Einschätzung äußerer Gegebenheiten wagen.

Da ich als professioneller Berater vieler Firmen mit den Karten arbeite, werde ich oft von meinen Klienten gefragt, wie sie ihren Profit erhöhen können. Ich formuliere sofort eine neue Frage, nämlich, wie sie ihren inneren Reichtum vergrößern können. Das führt häufig zu Erkenntnissen über das eigene Selbstwertgefühl.

Ich hatte eine Schriftstellerin als Klientin, die wissen wollte, wie sie ein Buch schreiben und herausbringen sollte. Ich bat sie, eine Karte aus den Persönlichkeitskarten des Voyager Tarots zu ziehen, um mehr über ihre inneren Fähigkeiten herauszufinden. Sie zog die Karte XIV *Kunst*. Ihre innere Ressource war es, zu handeln wie der Blitz und das Quecksilber, die auf der Karte abgebildet sind, also ihre spontanen Eingebungen schnell und impulsiv umzusetzen. Und genau in diesem Bereich fühlte sie sich blockiert. Sie litt unter „Paralyse durch Analyse", dem üblichen Syndrom der linken Gehirnhälfte. Die Botschaft für sie hieß, es einfach zu tun, da sie die Kreativität besaß, die Geschichte zu schreiben, ohne sich in von außen bestimmten Themen – „Wird es einem Verleger gefallen?", „Wie soll ich einen Agenten finden?" und so weiter – zu verlieren. Ich kann voller Stolz berichten, daß das Buch inzwischen veröffentlicht worden ist.

F & A: Das Herz des Tarots

Antworten erhalten Sie durch den Prozeß des Fragens. Jede Antwort sollte Sie zu einer neuen Frage führen. Das Tarot ist ein Dialog aus Fragen und Antworten. Erlauben Sie jeder Karte, die Ihnen eine Antwort gibt, eine neue Frage zu stellen, und ziehen Sie dann eine neue Karte, die Ihnen eine Antwort gibt, die eine Frage stellt. F & A, F & A, F & A – bis Sie befriedigt sind.

Freistil-Tarot: Jeder ist sein eigener Detektiv

Das Tarot ähnelt in mancherlei Hinsicht dem alten Spiel *Clue*. Die Karten sind wie Schilder, Hinweise, Tips, und Sie sind der Detektiv, der nach Antworten sucht. Tarot ist also wirklich ein Frage-und-Antwort-Spiel. Sie können so viele Karten ziehen, wie Sie möchten. Sie können die neuen Karten unter bestimmten Gesichtspunkten betrachten, um zu erkennen, was die vorherigen Karten bedeutet haben. Dieses Freistil-Tarot kann ein endloser, sehr verworrener Prozeß sein. Es ist schon vorgekommen, daß ich das ganze Spiel aufgebraucht habe, um einer Sache wirklich auf den Grund zu gehen. Schließlich dienen die Karten dazu, die Wahrheit herauszufinden, und wer kann schon wissen, auf welchem Weg das geschehen wird? Lassen Sie Ihre Instinkte und Ihre Intuition, Ihre Neugierde und Ihren Intellekt durch die Karten anregen. Dies ist Ihre Chance, einmal ein Detektiv zu sein.

Wie man Karten auswählt

Gehen Sie Risiken ein!

Das Berufsleben ist voller Risiken und Abenteuer. Auch wenn Sie Karten aus dem verdeckt liegenden Spiel ziehen, gehen Sie ein Risiko ein, denn Sie wagen sich in das Reich des Unbekannten, des Mysteriösen vor. Wer weiß, welche Karte Sie ziehen werden?

 Wenn Sie sich für eine Karte entscheiden, tun Sie das mit der Absicht, die „richtige" Karte zu ziehen, nicht die beste oder eine bestimmte Karte. „Bitten" Sie um die Karte, die Ihnen die Antwort oder die Richtung offenbart, die der Situation angemessen ist.

Das Geheimnis des Glücks: Vertrauen, Intuition und Synchronizität

Im Laufe der Zeit und mit einiger Übung werden Sie nicht nur damit vertraut werden, sich ins Unbekannte vorzuwagen, sondern Sie werden sich sogar darauf freuen. Verläßlich ausgerüstet mit Ihrer Intuition, vertrauen Sie darauf, mit jeder Situation fertig zu werden. Wenn Sie oft genug erfahren haben, wie unglaublich zutreffend die „zufällige" Auswahl der Karten ist, werden Sie anfangen, an Synchronizität zu glauben, an dieses geheimnisvolle Phänomen bedeutsamer Zufälle, das unsichtbar in Zeit und Raum stattfindet. Sie beginnen zu verstehen, daß es keine „blinden Zufälle" gibt, daß hinter allem ein Sinn und eine Absicht stehen.

Dieses Wissen macht aus Ihnen einen „Opportunisten" – in dem Sinne, daß Sie erkennen, daß *alles* eine Bedeutung hat, daß Sie aus allem lernen und alles verwerten können, daß jede Situation zu Erfolg und Wachstum führen kann. Das ist die „Hans im Glück"-Mentalität, die Fähigkeit des Unternehmers, aus allem Kapital zu schlagen, alles in Gold zu verwandeln und das Glücksrad des Lebens zu drehen.

Jede Karte, die Sie ziehen, stellt eine Gelegenheit dar – übrigens trifft das auch auf jedes Ereignis Ihres Lebens zu. Da Sie dies im Spiel mit dem Tarot immer wieder erfahren, übertragen Sie diese magische Weisheit und Sichtweise auf Ihr tägliches Berufsleben. Das ist das Geheimnis des Glücks.

Mit welchen Karten man spielt

Neue Ideen, neue Sichtweisen, neue Lösungen
Wann immer Sie neue Einsichten über einen Aspekt Ihres Berufs gewinnen möchten, ziehen Sie eine Karte aus dem gesamten, verdeckt liegenden Spiel. Lassen Sie sich intuitiv von den Bildern oder einem bestimmten Bild auf der Karte, ihrem Titel und Namen oder der im Begleitbuch zum Voyager enthaltenen Deutung der Karte führen.

 Nicht jede Karte wird Ihnen neue Einsichten verschaffen. Oft wird sie einfach bestätigen, was Sie bereits wissen. Lassen Sie sich Ihre Intuition auf diese Weise bestätigen.

Produktivität
Um neue Ideen zu bekommen, wie sich die Produktivität erhöhen läßt, ziehen Sie eine oder mehrere Karten aus den Persönlichkeitskarten der Großen Arkana (0 bis XXI).

Management
Um neue Einsichten hinsichtlich des Managements oder Ihrer Führungsqualitäten zu gewinnen, ziehen Sie eine oder mehrere Karten aus den Eigenschaftenkarten der Kleinen Arkana.

Motivation
Um neue Ideen zu bekommen, wie Sie Ihre Angestellten, Kollegen oder sich selbst motivieren können, ziehen Sie eine oder

mehrere Karten aus den Erfüllungskarten der königlichen Familie. Schauen Sie dann, welche Aspekte Ihnen zusagen.

Marketing und Verkauf
Um neue Einsichten hinsichtlich Marketing und Verkauf zu gewinnen, ziehen Sie eine oder mehrere Karten aus den Erfüllungskarten der königlichen Familie.

 Sie müssen sich aber nicht unbedingt auf bestimmte Teile des Spiels beschränken. Sie können auch jederzeit aus allen Karten auswählen.

Wie man die Karten deutet

Hören Sie auf Ihre Intuition

Die Intuition ist im modernen Informationszeitalter die wichtigste und gleichzeitig die am wenigsten anerkannte Komponente des beruflichen Erfolgs. Arbeitsstudien haben gezeigt, daß der Einfluß der Intuition größer wird, je größer der Verantwortungsbereich des Entscheidungsträgers wird. Spitzenmanager sind intuitiv, aber eigentlich sind wir es alle. Es ist völlig natürlich, intuitiv zu sein – und absolut notwendig.

Intuition wird häufig mit Formulierungen wie „aus dem Bauch", „mein Gefühl sagt mir", „eine innere Stimme" oder „Intelligenz der Gefühle" umschrieben. Aber egal, wie man es nennt – wir handeln dauernd aufgrund unserer Intuition.

Das Tarot ist eine Methode, sich die Intuition bewußt und absichtsvoll zunutze zu machen. Je mehr Sie damit arbeiten, desto stärker werden sich Ihre intuitive Klarheit und Ihr intuitives Reaktionsvermögen entwickeln.

Intuition: Bildhaftes Denken und Wortspiele

Durch den Symbolgehalt der auf den Karten dargestellten Bilder – besonders beim Voyager Tarot – wird Ihre Intuition ganz natürlich angeregt. Lassen Sie die Symbole einfach zu sich sprechen. Was fällt Ihnen dazu ein? Auch die Namen der Karten können Ihnen Anhaltspunkte geben. Sie können sich aber auch durch die Deutungen in diesem oder anderen Tarot-Büchern inspirieren lassen.

Unabhängig davon, auf welche Weise Sie die Bedeutung einer Karte herausfinden, müssen Sie Ihre Intuition einsetzen, um die *persönliche* Bedeutung der Karte zu verstehen, die sie für Sie hat.

Die Geburt der Genialität

Untersuchungen, die man mit Genies durchführte, haben gezeigt, daß eine geniale Idee das Ergebnis eines „gemischten metaphorischen Denkens" ist. Um also auf eine großartige Idee zu kommen, sollten Sie auf einer Karte zwei Bilder aussuchen, die Ihre Aufmerksamkeit erregen. Was fällt Ihnen ein, wenn Sie die beiden kombinieren? Oder: Sie wählen zwei oder mehrere Karten aus und kombinieren sie. Was fällt Ihnen dazu ein?

Seien Sie kreativ

Die wichtigste Voraussetzung für Erfolg ist eine außergewöhnliche Idee. Wenn Sie in der heutigen Zeit nicht kreativ sind, sind Sie ein Dinosaurier und damit zum Aussterben verurteilt.

Das intuitive Denken ist die Seele der Kreativität. Neuartige Ideen „fallen vom Himmel", sie entstehen außerhalb Ihrer konditionierten konventionellen Denkweise. Mit Hilfe des Tarots können Sie die 93 Prozent Ihres Gehirns nutzbar machen, die Sie normalerweise nicht benutzen.

 Zensieren und beurteilen Sie Ihre Geistesblitze nicht.

 Strengen Sie sich nicht zu sehr an. Je mehr Sie sich anstrengen, desto verspannter werden Sie und desto schwerer wird es, empfänglich, spontan, offen und kreativ zu sein.

 Würdigen Sie alle Impulse und Eindrücke, die Ihnen kommen. Die intuitive Kreativität ist immer einzigartig und mag daher zunächst manchmal etwas verrückt erscheinen.

Albert Einstein war davon überzeugt, daß die Intuition der entscheidende Faktor ist, daß großartige Ideen aus der Vorstellungskraft geboren werden, die wichtiger ist als das Wissen.

Seien Sie kreativ. Das Tarot ist ein Instrument, mit dessen Hilfe Sie Ihre kreative Intuition aktivieren können. Arbeiten Sie mit dem Tarot auf die Weise, die für Sie stimmig ist. Sie können die Karten und Symbole auf Ihre eigene Weise deuten und sogar Ihre eigenen Methoden und Spiele kreieren.

Seien Sie schnell

Die Intuition ist schnell – wie die Geschäftswelt. Mit dem Tarot haben Sie ein Instrument in der Hand, das Ihnen hilft, mit den Veränderungen des Berufslebens Schritt zu halten.

Was ist Ihr erster Gedanke, wenn Sie eine Karte ziehen? Das erste „Aha!" ist oft entscheidend.

Treffen Sie unabhängige Entscheidungen

Vom modernen Geschäftsmenschen wird erwartet, daß er jederzeit vor Ort oder im Büro schnelle, unabhängige Entscheidungen trifft – und das kann nur intuitiv geschehen.

Das Tarot kann Ihnen als selbständigem Unternehmer mit Ihrem Unternehmen oder Ihnen und Ihrem Kollegenteam helfen, die richtige intuitive Lösung zu finden. Intuitives Entscheiden ist der Schlüssel dazu, sein eigener Boß zu sein.

Intuition ist die Idee, die Sie am meisten begeistert und sich einfach „richtig anfühlt".

Intuition ist das, was für Sie funktioniert und für Sie einen Sinn ergibt – sie ist sehr persönlich.

Selbstvertrauen ist der Schlüssel zum Selbstbewußtsein

Das Vertrauen auf die Richtigkeit der intuitiven Reaktion ist das Geheimnis eines effektiven Führungsstils und Managements.

Respektieren und würdigen Sie das, was Ihnen Ihre innere Stimme sagt.

Indem Sie auf Ihre Intuition hören, sind Sie sich selbst treu – und das ist die Grundlage persönlicher Macht, natürlicher Genialität und beruflicher Effizienz.

Vorausschau

Wer in die Zukunft schauen kann, erschafft sie! Es ist heute notwendig, vorauszuschauen, und die Intuition ist das Medium, um in die Zukunft zu blicken. Da Ihnen das Tarot hilft, kommende Möglichkeiten auf ungewöhnliche Weise zu erkennen, verfügen Sie über mehr und andersartige Informationen, aufgrund derer Sie bessere und mutigere Entscheidungen fällen können.

Aber das „gewisse Etwas", das ein Unternehmer braucht, ist mehr als nur zu erkennen, was *machbar* ist. Es beinhaltet auch, sich vorzustellen, was *möglich* ist. Das Tarot hilft Ihnen, sich das „Unmögliche" auszumalen, daran zu glauben und es zu verwirklichen. Damit erfüllen Sie die Prophezeiung des Möglichen und nehmen aktiv an der Gestaltung der Zukunft teil.

 Wenn Sie darum bitten, zu sehen, was geschehen *wird*, werden Ihnen die Karten zeigen, was geschehen *kann*. Mit diesen Informationen ausgestattet, sind Sie eher in der Lage, angemessene Entscheidungen zu treffen. Wenn Ihnen gefällt, was Sie sehen, erschaffen Sie es. Wenn Ihnen nicht gefällt, was Sie sehen, verändern Sie es. *Sie* haben die Macht – nicht die Karten.

Seien Sie gegenüber den Möglichkeiten, die Ihnen die Karten zeigen, positiv, optimistisch und offen. Seien Sie erfinderisch, glauben und vertrauen Sie. Alles, was Sie in den Karten sehen, können Sie auch verwirklichen.

 Die sogenannten „negativen" Karten sind Herausforderungen, Lektionen und Grenzen, die Sie warnen, aber nicht aufhalten können. Setzen Sie diese Karten auf positive Weise zu Ihrem Vorteil ein. Wachsen Sie mit ihrer Hilfe. Wenn Sie Hindernisse und Probleme bereits im voraus erkennen, können Sie sie abwenden, bevor sie entstehen, oder anders mit ihnen umgehen, wenn sie tatsächlich entstehen – und in jedem Fall das Beste aus ihnen machen.

Nach dem Ziehen und Deuten: Handeln!

Machen Sie das Machbare

Den wahren Lohn der Arbeit mit dem Tarot erhalten Sie nur dann, wenn Sie Ihre Einsichten in Taten umsetzen. Eine effektive Methode, nach Ihrer Intuition zu handeln, besteht darin, sich eine konkrete Aufgabe vorzustellen, die Sie ausführen können und daher ausführen werden. Verpflichten Sie sich, diese Aufgabe zu erfüllen. Dabei kann es sich auch um einen ganz kleinen Schritt handeln – das ist in Ordnung. Entscheidend ist, daß Sie ihn *tun*. Denn dieser kleine Schritt birgt reine Magie in sich. Er wird zum nächsten Schritt führen und dann zu einem weiteren ... bis Sie am Ziel sind. Und ein Ziel führt zum nächsten. Jeder kleine Schritt zählt. Machen Sie also das Machbare!

Motivation und Fokus: Bauen Sie sich eine Eselsbrücke

Wenn Sie Ihre Möglichkeiten erkannt und Ihren Kurs bestimmt haben, brauchen Sie vielleicht eine visuelle Hilfe, die Sie inspiriert und an Ihre Ziele erinnert. Die Karte, die Ihnen eine bestimmte Einsicht ermöglicht hat, kann nun zum visuellen Schlüssel werden, der Ihnen die Tür des Handelns öffnet. Sie können aber auch aus der Karte ein Symbol auswählen, das die Einsichten, die Sie gewonnen haben, am besten repräsentiert und unterstützt.

 Plazieren Sie die Karte gut sichtbar, damit sie Sie an die Lösungsmöglichkeit und an Ihre Vorsätze erinnert.

• Wenn Sie eine bestimmte Karte oder ein Symbol daraus besonders anspricht und inspiriert, sollten Sie diese Karte nicht nur gut sichtbar irgendwo plazieren, sondern eventuell fotokopieren und vergrößern. Aber bitte verkaufen Sie sie nicht.

• Wenn Ihnen ein Symbol besonders viel bedeutet, sollten Sie es sich in materieller Form beschaffen. Wenn der Adler auf der Karte IV *Der Herrscher* für Sie wichtig ist, besorgen Sie sich eine Adlerfeder, und legen Sie sie auf Ihren Schreibtisch, in Ihr Auto, oder tragen Sie sie. Wenn Sie eine Kristallkarte berührt, kaufen Sie sich einen Kristall. Symbole in materieller Form besitzen Energie und Macht – sowohl im wörtlichen als auch im übertragenen Sinn.

• Schärfen Sie Ihren Blick für Symbole im täglichen Leben. Wenn eines Ihrer Lieblingssymbole tagsüber auftaucht oder Ihnen symbolisch im Traum erscheint, betrachten Sie dies als eine Erinnerung, dementsprechend zu handeln. Wenn Sie beispielsweise eine Rose sehen, wie sie auf der Drei der Kelche *(Liebe)* abgebildet ist, und sich von ihr angezogen fühlen, dann ist es an der Zeit, Ihr Herz für die Liebe zu öffnen, Liebe zu geben und zu empfangen.

> Vor kurzem hatte ich einen Traum, in dem ich umgeben von riesigen Wellen im Meer schwamm. Daraufhin ging ich am nächsten Tag zum Strand und spielte mit meinem Surfbrett in den Wellen. Die Voyager-Karte *Wellenreiter* (Mann der Kelche) stellt symbolisch dar, daß man den Mut haben sollte, auf den Wellen des Meeres oder des Lebens zu reiten. „Zufällig" mußte ich am darauffolgenden Tag zu einer landesweit ausgestrahlten Fernsehsendung nach New York fliegen. Der Gedanke war ähnlich furchterregend wie der, sich in die hohen Wellen des Meeres zu wagen. Aber der Traum, die Karte und der symbolische/tatsächliche Akt des Surfens im Zusammenhang mit dem, was sonst gerade in meinem Leben passierte, gaben mir das Vertrauen und die Begeisterung, mich dieser Erfahrung auszusetzen, etwas zu riskieren und die Wellen des Äthers zu reiten.

Alles im Universum repräsentiert etwas in uns selbst. Wenn wir die Welt auf diese symbolische Weise betrachten, werden wir auf bewußte Weise wahrhaftig so reich wie das Universum.

 Sie müssen die Karten nicht immer verdeckt ziehen. Sie können auch absichtlich eine Karte auswählen, von der Sie wissen, daß sie Ihnen helfen wird. Dann haben Sie wirklich begonnen, die Macht der Symbole bewußt in Ihrem Leben einzusetzen. Wenn Ihr Leben zum Beispiel sehr voll und aktiv ist, wie die Karte XIX *Die Sonne,* und Sie wissen, daß es an der Zeit ist, eine Pause einzulegen, sich auszuruhen, sich zu erholen und zu besinnen, Ihnen dies aber in der Hetze des Berufslebens schwerfällt, ziehen Sie die Karte XVIII *Der Mond* oder visualisieren Sie sie vor Ihrem geistigen Auge, um die Ruhe zu kreieren, die für dauerhaften Erfolg so wichtig ist.

★ Legesystem: Elementares Tarot

Jetzt, da Sie die wichtigsten Informationen über den Umgang mit den Karten bekommen haben, lassen Sie uns ein Spiel spielen.

Schritt 1: Mein Thema _____

_____

Schritt 2: Meine Frage _____

_____

_____

Schritt 3: Meine Karte _____

Schritt 4: Einsichten aus der gezogenen Karte _____

_____

_____

_____

und / oder Einsichten durch ein Bild auf der Karte

_____

_____

_____

und / oder Einsichten aus dem Begleitbuch _____

_____

_____

Schritt 5: Meine Handlung _____

_____

_____

Schritt 6: Meine Eselsbrücke _____

5
Produktivität und der Geschäftsmensch der Zukunft

Die Persönlichkeitskarten der Großen Arkana

Die wichtigste Ressource und der wertvollste Aktivposten einer jeden Organisation oder Firma ist der Mensch. Und das Tarot bietet die Möglichkeit, das gesamte Potential des Menschen produktiv zu verwirklichen.

Persönlichkeiten sind Ressourcen

Es gibt universelle Persönlichkeitstypen, die sich in allen Kulturen finden und die im Tarot von den Hauptkarten 0 bis XXI symbolisiert werden. Jeder dieser menschlichen „Archetypen" besitzt seine individuelle Genialität und stellt für jedes Unternehmen eine einzigartige Ressource dar. Jeder Typus hat aber auch bestimmte Nachteile, negative Seiten, die den positiven Ausdruck beeinträchtigen. Jedoch ist jede Persönlichkeit aufgrund der ihr eigenen Vorteile fähig, eine Führungsrolle zu übernehmen. Daher stellt eine Vielfalt von Persönlichkeiten einem Unternehmen vielfältige Ressourcen und Führungsqualitäten zur Verfügung.

Der ganze und unabhängige Geschäftsmensch

In einer sich immer schneller verändernden Zeit, in der Hierarchien und Bürokratien zusammenbrechen, braucht die Arbeitswelt wahrhaft unabhängige Entscheidungsträger – Menschen, die ganz sind und mit allen Aspekten des Business vertraut. Diese Menschen haben die ihnen innewohnenden Ressourcen entwickelt, die durch die 22 Persönlichkeitstypen symbolisiert werden. Jeder von uns besitzt die Fähigkeit dazu. Man muß sie nur erkennen und trainieren.

Der innere Held

Im Tarot sind die Archetypen der Persönlichkeit mythisch und heroisch. Sie sprechen den Helden in jedem von uns an. Und es ist wahr: Wir sind Helden. Wir kämpfen zwar nicht mit den Tigern des Dschungels, aber mit den Tigern des Finanzamts im bürokratischen Dickicht. Wir setzen unser Leben nicht auf Pferden und in Kutschen aufs Spiel, sondern auf Autobahnen und in Flugzeugen. Es wird Ihr Selbstbewußtsein stärken, wenn Sie sich vergegenwärtigen, daß Sie nicht einfach nur schwer arbeiten, sondern wie ein *Herrscher* ein Königreich aufbauen, daß Sie nicht verrückt sind, sondern ein genialer *Narr*, nicht nur ein Mensch, der den Problemen anderer zuhört, sondern eine ratgebende *Priesterin* und Seherin.

Selbstwertgefühl

Erfolg folgt auf Erfolg. Das heißt in diesem Fall, daß sich der Erfolg tatsächlich einstellen wird, wenn Sie sich selbst als erfolgreich wahrnehmen. Ohne ein ausgeprägtes Selbstwertgefühl ist es unmöglich, in Ihrem Leben etwas von Wert zu schaffen – von Reichtum ganz zu schweigen. Ein intaktes Selbstwertgefühl ist die Voraussetzung für jeden Erfolg.

Der Heroismus des Tarots stellt Ihr Selbstwertgefühl wieder her, denn mit seiner Hilfe enthüllt sich Ihnen die Wahrheit, daß Sie – unabhängig davon, wie Sie konditioniert worden sind – von unschätzbarem Wert sind. Das Tarot unterstützt Sie dabei und gibt Ihnen ein inneres Fundament, auf dem Sie Ihre Welt aufbauen können.

Das Tarot hilft Ihnen durch die Formel „VGV". Im Klartext: Wenn Sie sich etwas vorstellen können und an sich selbst glauben, dann werden Sie es auch verwirklichen. Vorstellen, glauben, verwirklichen – VGV.

Das Millionen-Dollar-Geschäft

Einer meiner Klienten, George Spears, Präsident von Excellence II, schloß nach jahrelangem Verhandeln und Feilschen ein großes Geschäft mit Mobilfunktelefonen ab. Er schwört, daß ihm das ohne die Hilfe des Tarots nicht gelungen wäre. George verfolgte den Verlauf der Verhandlungen anhand der Karten, um zu sehen, was eigentlich los war. Jedesmal, wenn er an einem toten Punkt angelangt war, zog er eine Karte.

Behalten Sie im Auge, daß die Karten tatsächlich Ihre Verbündeten sind und das Genie in Ihnen hervorbringen.

Die Karten, die ihm am meisten weiterhalfen, waren VI *Die Liebenden* (Der Teambauer), die ihn daran erinnerte, daß er tatsächlich mit seinen Partnern kommunizieren und sich mit ihnen einigen konnte, die Karte V *Der Hohepriester/Der Hierophant* (Der Mentor), die ihm zeigte, daß er dabei jedes Hindernis als Lernerfahrung betrachten kann, die Karte VIII *Ausgleich/Ausgleichung* (Der Buchhalter), die ihm verdeutlichte, daß er mit seinen finanziellen Möglichkeiten auf ordentliche, ausgewogene, eindeutige und umsichtige Weise umgehen muß, und die Karte X *Fülle/Glück/Rad des Schicksals* (Der Unternehmer), mit deren Hilfe er verstand, daß alles zu seiner Zeit passiert und daß er warten mußte – bis der günstigste Augenblick gekommen war, um die Initiative zu ergreifen.

Einfallsreichtum

George Spears hatte Erfolg, weil er einfallsreich war. Er machte sich all die Fähigkeiten eines Unternehmers zunutze, die in ihm lebten und die durch die Hauptkarten symbolisiert werden. Diese Ressourcen leben auch in Ihnen. Sie geben Ihnen in der sich rapide verändernden Geschäftswelt das gewisse Etwas, durch das Sie der Konkurrenz überlegen sind. Sie helfen Ihnen, sich anzupassen und flexibel zu sein.

In der heutigen Geschäftswelt ist Einfallsreichtum eine unbedingte Notwendigkeit. Im Informationszeitalter sind „soft resources", das heißt Ihre Begabungen und deren schnelle Umsetzbarkeit, viel wertvoller als in der alten Welt, die auf „hard resources" setzte.

Lebenskarten – wie Sie Ihre Bestimmung erfüllen

Jeder von uns wird mit einer einzigartigen Bestimmung geboren, die sich in unseren individuellen Talenten und den Lektionen, die wir lernen, ausdrückt. Ihre Bestimmung zu erfüllen bedeutet, aus den Möglichkeiten, die Ihnen durch Ihre Talente gegeben sind, das Beste zu machen, und aus den Prüfungen, die Ihnen gestellt werden, und den Hindernissen, die sich vor Ihnen auftürmen, zu lernen und daran zu wachsen.

Ihre Lebenskarten zeigen Ihnen die Möglichkeiten und die Herausforderungen Ihres Lebenswegs. Als ich herausfand, daß *Der Wagen* (VII) meine Lebenskarte ist, rückte das mein Leben und meine Karriere in die richtige Perspektive. Der „Wagenlenker" ist ein wahrer Hans Dampf in allen Gassen; er ist ein Reisender, Abenteurer, Kundschafter, Erforscher, ein ruheloser, getriebener Geist, ein Sucher im Bereich des Unbekannten, der neue Wege beschreitet und anderen zeigt, welchen Weg sie gehen können. Seit ich mich als „Wagenlenker" erkannt habe, akzeptiere ich mein Leben so, wie es ist, und habe es nie bereut.

Die Herausforderung für den Persönlichkeitstypus des *Wagens* besteht darin, geduldig, ausdauernd und mitfühlend zu sein und Bindungen einzugehen. Seit ich dies begriffen habe, widme ich diesen Eigenschaften besondere Aufmerksamkeit und fördere damit erfolgreich meine Karriere.

Es macht Spaß, die Lebenskarten zu entdecken – und es kann Ihnen einiges über sich selbst und die Mitglieder Ihres Teams oder Ihrer Firma offenbaren. Welche Ressourcen und Talente legt jeder von Ihnen als seinen einzigartigen Beitrag auf den Tisch?

Wie man die Lebenskarten bestimmt

Ihre Lebenskarten sind unter den 22 Persönlichkeitskarten der Großen Arkana zu finden. Sie werden anhand Ihres Geburtsdatums (numerologisch) und anhand Ihres Tierkreiszeichens (astrologisch) ermittelt.

Die numerologische Methode

Nehmen wir an, Sie wären am 27. Oktober 1955 geboren. Zufällig ist dies der Geburtstag von Bill Gates, dem Präsidenten von Microsoft.

Zählen Sie den Geburtstag (27)	27
und den Geburtsmonat (10)	10
und das Geburtsjahr (1955) zusammen	1955
Summe	1992

Nun zählen Sie die einzelnen Zahlen zusammen: 1 plus 9 plus 9 plus 2 ergibt 21. Reduzieren Sie dieses Ergebnis auf eine einstellige Zahl, indem Sie 2 plus 1 zusammenzählen.

Da es 22 Persönlichkeitskarten gibt, zählt in diesem Fall auch die 21 als Lebenskarte. Das Ergebnis ist also XXI *Das Universum/Die Welt* und III *Die Herrscherin/Die Kaiserin.*

 Sollte Ihre zweistellige Summe 22 ergeben, wird dies als Karte 0 *Narr und Kind/Der Narr* gewertet. 2 plus 2 ergibt 4. Daher gilt für Sie auch die Karte IV *Der Herrscher/Der Kaiser.* Und als Kombination *Narr/Herrscher.* Wenn Ihre Zahl zwischen 10 und 21 liegt, haben Sie zwei Lebenskarten: sowohl die zweistellige als auch die einstellige Zahl, wie Sie aus der folgenden Tabelle entnehmen können.

Zahl	Nummer	Name Voyager / Crowley / Rider-Waite		Nummer	Name Voyager / Crowley / Rider-Waite			
10:	X	Fülle	und	I	Der Magier			
		Glück	und		Der Magier			
		Rad des Schicksals	und		Der Magier			
11:	XI	Stärke	und	II	Die Priesterin			
		Lust	und		Die Hohepriesterin			
		Gerechtigkeit	und		Die Hohepriesterin			
12:	XII	Der Hängende	und	III	Die Herrscherin			
		Der Gehängte	und		Die Kaiserin			
		Der Gehängte	und		Die Herrscherin			
13:	XIII	Tod	und	IV	Der Herrscher			
		Tod	und		Der Kaiser			
		Tod	und		Der Herrscher			
14:	XIV	Kunst	und	V	Der Hohepriester			
		Kunst	und		Der Hohepriester			
		Mäßigkeit	und		Der Hierophant			
15:	XV	Der spielende Teufel	und	VI	Die Liebenden			
		Der Teufel	und		Die Liebenden			
		Der Teufel	und		Die Liebenden			
16:	XVI	Der Turm	und	VII	Der Wagen			
17:	XVII	Der Stern	und	VIII	Ausgleich			
		Der Stern	und		Ausgleichung			
		Der Stern	und		Kraft			
18:	XVIII	Der Mond	und	IX	Der Eremit			
19:	XIX	Die Sonne	und	X	Fülle	und	I	Der Magier
		Die Sonne	und		Glück	und		Der Magier
		Die Sonne	und		Rad des Schicksals	und		Der Magier
20:	XX	Raum und Zeit	und	II	Die Priesterin			
		Das Aeon	und		Die Hohepriesterin			
		Gericht	und		Die Hohepriesterin			
21:	XXI	Das Universum	und	III	Die Herrscherin			
		Das Universum	und		Die Kaiserin			
		Die Welt	und		Die Herrscherin			

Sollte Ihre zweistellige Summe gleich 19 sein (XIX *Die Sonne*), reduzieren Sie sie auf 1 plus 9 gleich 10 (X *Fülle/Glück/Rad des Schicksals*) und dann noch einmal auf 1 plus 0 ergibt 1 (I *Der Magier*). In diesem Fall haben Sie eine numerologische Kombination aus drei Karten. Ist Ihre zweistellige Zahl höher als 22, reduzieren Sie sie auf eine einstellige Zahl. 25 wird so zu 7 (VII *Der Wagen*). In diesem Fall haben Sie nur eine numerologische Lebenskarte.

Das astrologische System

Jedes Tierkreiszeichen entspricht einer der Persönlichkeitskarten. Im Voyager-Spiel wird das betreffende Tier oder Symbol auf den Karten dargestellt. In der folgenden Tabelle finden Sie die Entsprechungen (siehe dazu auch das Begleitbuch zum Voyager Tarot).

Tierkreiszeichen	Nummer	Name
Widder	IV	Der Herrscher/Der Kaiser
Stier	V	Der Hohepriester/Der Hierophant
Zwillinge	VI	Die Liebenden
Krebs	VII	Der Wagen
Löwe	XI VIII	Stärke/Lust Kraft
Jungfrau	IX	Der Eremit
Waage	VIII XI	Ausgleich/Ausgleichung Gerechtigkeit
Skorpion	XIII	Tod
Schütze	XIV	Kunst/Mäßigkeit
Steinbock	XV	Der spielende Teufel/Der Teufel
Wassermann	XVII	Der Stern
Fische	XVIII	Der Mond

Deutungen der Lebenskarten erfolgreicher Menschen
(alle Kartentitel sind dem Voyager entnommen)

Bill Gates

Bill Gates' Sternzeichen ist der Skorpion, was der Karte XIII *Tod* entspricht. Seine drei Lebenskarten sind XXI *Das Universum*, III *Die Herrscherin* und wie gesagt XIII *Tod*. Als *Herrscherin* hat er großartige Führungsqualitäten und die Fähigkeit, seine Begabungen zu verwirklichen. Als *Universum* ist sein Denken global, vielleicht sogar galaktisch. Als *Tod* ist er ein Umwandler, jemand, der sich und andere aus festgefahrenen Denkweisen zu lösen vermag. Interessanterweise ist die Karte seines materiellen Erfolgs und seiner weltlichen Autorität die weibliche *Herrscherin*. Vielleicht stammt das Wort „soft" in seinem Firmennamen daher.

Hillary und Bill Clinton

Hillarys Geburtstag ist der 26. Oktober 1947 und ergibt wie bei Bill Gates die Karte XXI *Das Universum* und III *Die Herrscherin* (aha!). Und wie Gates ist auch sie Skorpion und daher XIII *Tod*. Sie ist eine archetypische Herrscherin, die politische Macht ausübt. Wie Gates versucht auch sie, die Welt zu verändern – aber mit politischen Mitteln, die langfristig gesehen möglicherweise weniger Einfluß haben als wirtschaftliche Macht.

Ihr Mann Bill Clinton, der am 19. August 1946 geboren wurde, hat XX *Raum und Zeit* und II *Die Priesterin* als Lebenskarten. Das bedeutet, daß er eigentlich eher zu hochfliegenden Gedanken neigt und besser für eine akademische Karriere geeignet wäre. Aber da er durch seinen Geburtstag im August ein Löwe ist, besitzt er dessen Stärke und kann organisieren und in der Öffentlichkeit auftreten. Allerdings ist weder die Karte II *Die Priesterin* noch die Karte XI *Stärke* eine besonders gute Karte für Produktivität oder dafür, Dinge in die Tat umzusetzen.

Oprah Winfrey

Oprah wurde am 29. Januar 1954 geboren, und ihr Geburtsdatum ergibt 22, was der Karte 0 des Voyagers, *Narr und Kind*, entspricht. Die Zahl 22 kann aber weiter auf 4 reduziert werden und ergibt dann IV *Der Herrscher*. Als *Herrscher* verfügt sie über eine außergewöhnliche, männliche Energie, die sie mit anderen konkurrieren und eine beträchtliche Macht ausüben läßt. Als *Narr* besitzt sie eine freigeistige, radikale, revolutionäre Natur. Außerdem hat sie als Wassermann die Karte XVII *Der Stern*. Das sagt eigentlich alles.

Steven Spielberg

Steven wurde am 18. Dezember 1947 geboren. Seine Zahl ist die 6, VI *Die Liebenden,* und steht für die Fähigkeit zu kommunizieren und Partnerschaften einzugehen. Als Schütze hat er außerdem die Karte XIV *Kunst,* was darauf hinweist, daß er wie ein Alchimist oder Magier die Fähigkeit besitzt, etwas zu kreieren. Er ist ein Botschafter, der der Welt eine neuartige Vision schenkt. Seine Lebenskarten haben mit Kommunikation, Vision und Kreativität zu tun, was allerdings nicht heißt, daß sein Privatleben und seine Beziehungen problemlos sind.

Ray Kroc

Der Gründer von McDonald's und Erfinder des Big Mac wurde am 5. Oktober 1902 geboren. Seine Lebenskarten sind XVIII *Der Mond*, IX *Der Eremit*, und, als Waage, VIII *Ausgleich*. Wie man sieht, muß also nicht jeder erfolgreiche Geschäftsmann königliche oder magische Eigenschaften besitzen. Seine *Eremiten-* und *Ausgleichs*aspekte weisen auf die Fähigkeit hin, seine *Mond*träume zu ordnen und zu perfektionieren. Dank dieser Charakteristika wurden alle McDonald's auf der ganzen Welt standardisiert.

84

Wie man seine Persönlichkeitsressourcen einsetzt

VwA – Vision wird Aktion
Die direkteste Methode, sich Ihre inneren Ressourcen zunutze zu machen, ist herauszufinden, wie Sie Ihre Persönlichkeitskarte in Handlungen umsetzen können. Visualisieren Sie, wie Sie ihre Bedeutung in eine konkrete, machbare Aktion umsetzen können. Wird dieses Talent hervorgebracht und ausgedrückt, dann vervollständigt es Ihr Repertoire an Fähigkeiten oder verstärkt bestehende Fertigkeiten. Führen Sie die visualisierte Handlung so bald wie möglich aus!

Wählen Sie jeden Tag ein Symbol aus Ihren Lebenskarten, und setzen Sie die intuitive Einsicht, die es Ihnen vermittelt, um. Ist beispielsweise *Der Herrscher* (IV) aus dem Voyager Tarot Ihre Karte, seien Sie an einem Tag wie der visionäre Adler, am nächsten wie der durchsetzungsstarke Widder, dann ein Mentor wie König Philipp II., danach investieren Sie wie ein Wal, werden ein Pyramidenbauer, ein weichherziger Pflanzer, ein entscheidungsfreudiger Stratege wie Alexander der Große und so weiter, bis Sie alle Symbole auf der Karte *Der Herrscher* durchgegangen sind.

Werden Sie Ihr eigener Berater
Setzen Sie die Persönlichkeitskarten ein, um mit Ihrem inneren Berater in Kontakt zu kommen. Das können Sie auf folgende Weisen tun:

- durch den inneren Dialog
  Wenn Ihre Karte zum Beispiel III *Die Herrscherin/Die Kaiserin* ist, lassen Sie sich von ihr beraten, indem Sie sie sich vorstellen, mit ihr zu sprechen. Stellen Sie ihr Fragen, und Sie werden Antworten erhalten. Führen Sie Ihre Ratschläge im wirklichen Leben aus.

- durch Ihre Vorstellungskraft
  Sie können sich auch von innen heraus führen lassen, indem Sie sich vorstellen, selbst *Die Herrscherin* zu sein. Schließen Sie die Augen. Was tun Sie als *Herrscherin?* Tun Sie es dann im wirklichen Leben.

Sie können dies mit jeder der 22 Persönlichkeitsressourcen tun, die in Ihnen leben. Wenn Sie Ihre finanzielle Lage besser in den Griff bekommen möchten, sprechen Sie mit sich selbst als dem Buchhalter der Karte VIII *Ausgleich/Ausgleichung.* Wenn Sie etwas tun wollen und es gut machen möchten, stellen Sie sich vor, Sie wären der Qualitätskontrolleur der Karte IX *Der Eremit.*

- durch absichtsvolles Ziehen
  Die fortgeschrittenste Methode, mit dem Tarot zu arbeiten, besteht wahrscheinlich darin, die Karten bewußt auszuwählen und die zu ziehen, von denen Sie wissen, daß Sie sie brauchen. Im Grunde brauchen Sie dann aber die Karten nicht mehr. Sie werden zu einem inneren Bilderbuch, das Sie im Kopf parat haben und jederzeit vor Ihrem geistigen Auge aufschlagen können.

Magie
Der Umgang mit den Karten ist ein sehr machtvoller alchimistischer Prozeß – die Essenz der Magie. Lassen Sie Ihre Vorstellungskraft durch die Bilder anregen, die vor Ihrem geistigen Auge entstehen, und Sie werden zum Magier werden, der alles Wirklichkeit werden lassen kann. Da dieser Prozeß so effektiv ist, sollten Sie vorsichtig damit sein, was Sie sich wünschen, denn früher oder später wird es wahr werden.

Um Ihnen zu zeigen, wie wirkungsvoll diese Methode ist, möchte ich Ihnen das folgende Beispiel erzählen. Vor zwei Jahren begann ich – basierend auf der Symbolik und dem Konzept der Voyager-Karte XVIII *Der Stern* –, mich selbst als Stern zu visualisieren. Heute trete ich plötzlich in den Massenmedien auf und habe wie ein „Star" die Möglichkeit, meine Vision mit Millionen von Menschen zu teilen.

Die Deutung der Persönlichkeitskarten

Das Konzept der 22 Karten der Großen Arkana ist in allen Tarot-Spielen dasselbe, auch wenn die Numerierung und die Namen unterschiedlich sein mögen. Zum Beispiel scheinen die Karten VIII und XI des Rider-Waite Tarots im Vergleich zum Voyager und Crowley verwechselt worden zu sein. Die Karte XI des Rider-Waite Tarots, *Gerechtigkeit,* ist im Voyager die Karte VIII *Ausgleich* und im Crowley ebenfalls die Karte VIII mit dem Titel *Ausgleichung*. Diese technischen Unterschiede ändern allerdings nichts an der essentiellen Gleichartigkeit der Karten. Die Deutung der Persönlichkeitskarten der 22 Großen Arkana beginnt auf der folgenden Seite.

NARR UND KIND (Voyager)	Das Genie	0
NARR (Crowley / Rider-Waite)		

freidenkend
spontan und intuitiv
selbständig und neugierig
forschend
risikobereit und offen
vertrauensvoll
inspiriert und einfallsreich

Nachteile

unpraktisch
verantwortungslos und unvorsichtig
unsicher
hat ein geringes Selbstwertgefühl
fühlt sich als Außenseiter

DER MAGIER	Der Vermarkter	I

talentiert und einfallsreich
geschäftstüchtig und charismatisch
schnell: „vorstellen, glauben, verwirklichen"
besitzt hervorragende Kommunikations-, Verkaufs-, Werbe- und Abschlußfähigkeiten
hat eine goldene Hand

Nachteile

schwer faßbar
launenhaft und zerstreut
egoistisch und nicht vertrauenswürdig

DIE PRIESTERIN (Voyager)	**Der Berater**	**II**
DIE HOHEPRIESTERIN (Crowley / Rider-Waite)		

realistisch und wahrheitsliebend
ist ein guter Beobachter und objektiver Zeuge
ist die Stimme des Gewissens

Nachteile

langweilig
kühl und abgehoben

DIE HERRSCHERIN (Voyager / Rider-Waite)	**Der Personalberater**	**III**
DIE KAISERIN (Crowley)		

kreativ
liebevoll und mitfühlend
bewahrend und nährend
beschützend und akzeptierend

Nachteile

verteidigt ihren Bereich mit Zähnen und Klauen
hält nichts von Prinzipien

DER HERRSCHER (Voyager / Rider-Waite)	**Die Führungskraft**	**IV**
DER KAISER (Crowley)		

Reichsgründer, Vollstrecker, König und Führer
Entscheidungsträger mit Durchsetzungsvermögen
Krieger, Pionier
überschwenglich

Nachteile

unmenschlich
denkt nur an Geschäft und Profit

DER HOHEPRIESTER (Voyager / Crowley)	Der Mentor	V
DER HIEROPHANT (Rider-Waite)		

Lehrer, Trainer und Psychologe
löst Konflikte
kriegt alles hin
springt ein, wenn es brennt

Nachteile

langsam
theoretisierend

DIE LIEBENDEN	Der Teambauer	VI

co-kreativ
partnerschaftlich und vertrauenswürdig
kommunikativ und vermittelnd
Konsens suchend
sozial orientiert
hört zu

Nachteile

abhängig und bedürftig

DER WAGEN	Der Motivator	VII

„Hans Dampf"
Agent des Wandels
fortschrittlich und visionär
zielorientiert
„das bekommen wir schon hin"
liebt Herausforderungen und Aufregung

Nachteile

ungeduldig
hat kein Durchhaltevermögen

AUSGLEICH (Voyager)	Der Buchhalter	VIII
AUSGLEICHUNG (Crowley)		
GERECHTIGKEIT (Rider-Waite)		XI

verwaltet und führt die Bücher
finanziell verantwortungsbewußt
analytisch, ordentlich, logisch, linear denkend
systematisch, strukturierend
sucht nach letztendlichen Antworten und konkreten Informationen

Nachteile

engstirnig

| DER EREMIT | Der Qualitätskontrolleur | IX |

arbeitsam und unsichtbar
bringt Dinge zu Ende
konzentriert
befolgt Anweisungen und erledigt langweilige Routinearbeiten
perfektionistisch und verläßlich

Nachteile

unkreativ
geht nicht über gestellte Aufgaben hinaus

FÜLLE (Voyager)	Der Unternehmer	X
GLÜCK (Crowley)		
RAD DES SCHICKSALS (Rider-Waite)		

risikobereit und optimistisch
eigensinnig
ergreift Gelegenheiten beim Schopf
denkt in großen Zusammenhängen

Nachteile

gierig
besessen und zwanghaft

STÄRKE (Voyager)	Der Organisator	XI
LUST (Crowley)		
KRAFT (Rider-Waite)		VIII

strukturiert und bürokratisiert
etabliert

Nachteile

will alles kontrollieren
denkt hierarchisch

DER HÄNGENDE (Voyager)	Der Arbeiter	XII
DER GEHÄNGTE (Crowley / Rider-Waite)		

geduldig und ausdauernd
gebend
konservativ und bewahrend
erhält den Status quo aufrecht
stabil
„paßt sich an" und opfert sich für das Gemeinwohl auf

Nachteile

„Klotz am Bein"
unveränderbar
steckt fest

TOD	Der Wirtschafter	XIII

senkt Kosten
ist effizient
besitzt ein gutes Augenmaß

Nachteile

unpersönlich
rücksichtslos und taktlos

KUNST (Voyager / Crowley)	Der Designer	XIV
MÄSSIGKEIT (Rider-Waite)		

erfinderisch und imaginativ
weiß die Dinge zu verpacken
technisch begabt

Nachteile

oberflächlich („das Äußere ist alles")

DER SPIELENDE TEUFEL (Voyager)	Die soziale Mutter- / Vaterfigur	XV
DER TEUFEL (Crowley / Rider-Waite)		

humorvoll und spaßig
gesellig und verspielt
organisiert Teams, Parties, Zusammenkünfte

Nachteile

respektlos und beleidigend
geschmacklos und laut

DER TURM	Der Visionär	XVI

revolutionär
vorausschauend
weitsichtig und visionär
hört auf warnende Stimmen

Nachteile

dramatisch
unrealistisch

DER STERN	Der Sprecher	XVII

genial in Öffentlichkeitsarbeit und Werbung
kreiert das Firmenimage

Nachteile

schwadroniert
fehlende Integrität

DER MOND	Der Kunde	XVIII

anziehend
mitfühlend und sensibel
versteht die Bedürfnisse und Wünsche der Kundschaft

Nachteile

kapriziös und launisch

DIE SONNE	Der Manager	XIX

immer ansprechbar
beaufsichtigt Routineabläufe
nimmt teil und weiß, was los ist
warmherzig
inspiriert und energiegeladen
unentbehrlich
fair und freundlich

Nachteile

bevormundend
überheblich

RAUM UND ZEIT (Voyager)	Der Planer	XX
DAS AEON (Crowley)		
GERICHT (Rider-Waite)		

Motto: Vision wird Aktion
denkt strategisch und geht schrittweise vor
erkennt Möglichkeiten
ist ein leuchtendes Beispiel für andere

Nachteile

verliert leicht den Kontakt mit der Wirklichkeit
tut geheimnisvoll
hat einen begrenzten Horizont

| DAS UNIVERSUM (Voyager / Crowley) | Der ganze Mensch | XXI |
| DIE WELT (Rider-Waite) | | |

vielseitig
kann alles
meldet sich freiwillig
Generalist und Synergist
führt und vereinigt
ist der Organisation verpflichtet
verkörpert die Unternehmenskultur

Nachteile

Arbeit und Firma sind der Lebensmittelpunkt
Entscheidungsschwäche angesichts zu vieler Wahlmöglichkeiten und Chancen

★ Legesystem: Die Lebenskarten

An dieser Stelle können Sie durch die Bestimmung Ihrer Lebenskarten Ihre Persönlichkeitsressourcen herausfinden. Behalten Sie im Auge, daß es aufgrund des Geburtsdatums möglich ist, bis zu vier Lebenskarten zu haben. Weniger Karten bedeuten eine stärker fokussierte Energie, während mehr Lebenskarten eine größere Vielfalt anzeigen.

Geburtsdatum: Tag   _____

                Monat   plus   _____

                Jahr   plus   _____

                Summe   _____

                zweistellig   _____

                einstellig   _____

Lebenskarte 1

Name _____

Persönliche Deutung _____

_____

Lebenskarte 2

Name _____

Persönliche Deutung _____

_____

Lebenskarte 3

Name _____

Persönliche Deutung _____

_____

Astrologische Lebenskarte

Sternzeichen _____

Name _____

Persönliche Deutung _____

_____

★ Legesystem: Innere Ressourcen

Mischen Sie die 22 Persönlichkeitskarten, und konzentrieren Sie sich darauf, welche Ihrer Begabungen Sie für entscheidend halten, um Ihre Produktivität zu erhöhen. Ziehen Sie aus den verdeckt liegenden Karten eine, die das repräsentiert, was Sie Ihrer Intuition nach tun können, um Ihre inneren Ressourcen stärker zum Ausdruck zu bringen. Handeln Sie diesem Rat entsprechend.

Name der Karte _____

Deutung _____

_____

_____

Machbare Aktion _____

_____

Ruft diese Karte eine weitere Frage in Ihnen hervor? Führen Sie den Frage-und-Antwort-Prozeß fort, bis Sie das Gefühl haben, ihn erschöpft zu haben.

Frage _____

Name der Karte _____

Deutung _____

_____

_____

Frage _____

Name der Karte _____

Deutung _____

_____

_____

Frage _____

Name der Karte _____

Deutung _____

_____

_____

6
Qualitätsmanagement
und die Führungskraft der Zukunft

Die Eigenschaftenkarten der vier Farben

„Lebensqualität" wird immer mehr zum bestimmenden Faktor des Alltagslebens. Daher ist es an der Zeit, daß dieser Aspekt auch in die Kultur und das Bewußtsein der Berufswelt Einzug hält. Die Arbeitswelt unterscheidet sich nicht vom übrigen Leben – auch sie besitzt ihre Ethik. Wir brauchen aber eine neue Arbeitsethik, die über das „im Schweiße deines Angesichts ..." hinausgeht. Statt dessen sollten wir unseren Fähigkeiten entsprechend ein produktives Leben führen können, in dem wir unsere höchsten inneren Bestrebungen verwirklichen.

Qualitätsmenschen stellen Qualitätsprodukte her. Ein Qualitätsunternehmen braucht eine entsprechende Leitung. Wenn das Management innere Werte vorlebt und die Firma auf dieser Basis leitet, wird auch das Unternehmen Wert haben. Und Dinge, die Wert haben, gleich ob es sich dabei um Organisationen oder Produkte handelt, bestehen auf dem Markt und florieren.

Effizientes Management in einem menschenorientierten Betrieb hat weniger mit Methode als vielmehr mit den Menschen selbst zu tun – und mit den Eigenschaften dieser Menschen.

Die Nummern des Tarots

Ob man nun ein As oder eine Zehn oder irgend etwas dazwischen werden möchte – immer kommt es dabei auf innere Werte und Eigenschaften an. Jeder weiß, daß Zahlen im Geschäftsleben wichtig sind. Aber im Tarot repräsentieren die Zahlen nicht nur Quantitäten, sondern auch Qualitäten. Das

As ist zum Beispiel die Nummer eins, die beste und die höchste Nummer. Da jede Nummer ihren Wert hat, können wir jeder positiven Eigenschaft, die wir in unseren Beruf einbringen, eine Zahl zuordnen. Das Ziel ist es, ein As, eine Zehn und alles dazwischen zu sein. Wir erfüllen unsere höchste Bestimmung, indem wir die universelle Bedeutung und die Essenz der ersten zehn Zahlen leben. Dies gibt uns eine Grundlage, auf der wir unser Leben aufbauen und organisieren können.

Jede Nummer hat vier Eigenschaften, durch die sie zu einer ganzen Zahl und einem ganzen Wert wird:

◇ mentale Eigenschaften, die durch die Farbe der Kristalle oder der Schwerter repräsentiert werden,
◇ emotionale oder Herzenseigenschaften, die durch die Farbe der Kelche repräsentiert werden,
◇ körperliche oder materielle Eigenschaften, die durch die Farbe der Welten, Scheiben oder Münzen repräsentiert werden,
◇ spirituelle Eigenschaften, die durch die Farbe der Stäbe repräsentiert werden.

Um beispielsweise ein echtes As zu sein, müssen Sie As-gleiche Höchstleistungen verkörpern und in Ihren mentalen, emotionalen, körperlichen und spirituellen Aspekten die Nummer eins sein. Wenn Sie aus vollem Herzen und aus tiefster Seele, mit körperlichem Elan und praktischer Intelligenz kommunizieren, werden Sie ein As von einem Manager sein.

Die Eigenschaften und Werte einer jeden Nummer werden in der folgenden Tabelle angeführt.

Nummer	Eigenschaft	Wert
As	Der Beste	Höchstleistung, Qualität
Zwei	Dualität	Bewertung, Überprüfung, Einordnung, Erwägung, Reaktionsfähigkeit
Drei	Synthese	Kreativität, Produktion, Manifestation, Ergebnisse
Vier	Bauen	Führung, Organisation, Planung
Fünf	Lernen	Erneuerung, Flexibilität, Erholung, Umschulung
Sechs	Integration	Einheit, Team, Konsens
Sieben	Vollständigkeit	Leistung, Verwirklichung, Fortschritt
Acht	Gleichheit	Gleichgewicht, Stabilität, Aufrechterhaltung, Symmetrie, Ausrichtung, Übereinstimmung
Neun	Ganzheit	Erfüllung, Vollendung
Zehn	Erfolg	Belohnung, Profit, Anerkennung

Die Deutung der Eigenschaftenkarten

Die Karten der Kleinen Arkana unterscheiden sich in den verschiedenen Spielen. Der größte Unterschied besteht zwischen dem Voyager und den eher traditionellen Crowley- und Rider-Waite-Spielen, die sich ähnlicher sind. Einige der traditionellen Karten sind sehr streng und scheinen von einer Art pessimistischem Fatalismus beseelt zu sein. Da jedes Orakel ohne Ausnahme ein Produkt seiner Zeit ist, spiegeln diese Spiele eine schwierigere und härtere Zeit wider. Ein Beispiel für diese Härte ist die Karte *Quälerei* im Crowley, die im Voyager *Rückschlag* heißt, oder die Karten *Grausamkeit* und *Untergang,* die im Voyager *Einengung* und *Selbsttäuschung* heißen. Die Karten der Schwerter-Farbe im Rider-Waite zeigen Menschen, die erstochen oder gefesselt werden. Das ist zwar extrem, aber in dem Sinne wahr, in dem wir uns durch die überkritischen Worte unseres Verstandes selbst zerstören und unterdrücken. Die wirklich negativen Karten haben eine gewisse Berechtigung und dienen sicherlich als Alarmglocken. Aber Sie müssen sie nicht so ernst nehmen, wie sie aussehen.

Alle „negativen" Karten des Voyagers haben einen positiven Aspekt. *Negativität* symbolisiert zum Beispiel den positiven Gebrauch des Wortes „nein". Selbst wirklich unentwickelte Aspekte wie die destruktive Kritik der *Negativität* können verwandelt und transformiert werden. Aus diesem Grund sind die Voyager-Karten so wertvoll für Wachstum und Lernen. Tatsächlich hat das Voyager Tarot mehr sogenannte negative Karten als die eher traditionellen Spiele.

Außerdem sind die Voyager-Karten anders angeordnet. Der Grund für diese Unterschiede – zum Beispiel ist die Drei der Kristalle im Voyager *Kreativität*, während die Drei der Schwerter im Crowley *Kummer* heißt – liegt darin, daß ich bei der Erschaffung des Voyagers größten Wert darauf gelegt habe, daß die Karten der Kleinen Arkana als Eigenschaftenkarten der Persönlichkeitsaspekte der Großen Arkana mit deren jeweiliger Nummer übereinstimmen. *Kreativität* ist die mentale Eigenschaft der kreativen *Herrscherin,* der Schöpferin. Auch das Voyager hat eine Karte, die *Trauer* (im Crowley *Kummer*) heißt, aber sie ist der Sechs der Kelche zugeordnet, weil sie einen emotionalen Zustand repräsentiert, der die Schattenseite der Karte VI *Die Liebenden* ist.

 Wenn Sie mit einem bestimmten Tarot spielen, richten Sie sich nach der Bedeutung, die *dessen* Karten haben. Versuchen Sie nicht, diese Bedeutungen einem anderen Spiel zuzuordnen. Das wird zu intellektuell, zu verwirrend, zu akademisch – statt intuitiv, direkt und inspirierend zu sein.

Auf den folgenden Seiten werden die Eigenschaftenkarten der Kleinen Arkana gedeutet, indem ihnen bestimmte Botschaften zugeordnet werden.

As (Der Beste): Höchstleistung, Qualität

Voyager: KLARHEIT **KRISTALLE**

Betrachten Sie Ideen aus einem anderen Blickwinkel.
Entdecken Sie neue Informationsquellen.
Lassen Sie neuartige Ideen entstehen.
Nutzen Sie die Methode des Brainstormings.

Achtung:
Seien Sie nicht so vorschnell.

Crowley: KLARHEIT **SCHWERTER**
Rider-Waite: KLARHEIT **SCHWERTER**

Geben Sie alte Glaubenssysteme, Annahmen und Einstellungen auf.
Seien Sie innovativ.

As (Der Beste): Höchstleistung, Qualität

Voyager: EKSTASE   **KELCHE**

Lassen Sie sich davon leiten, was Sie glücklich macht.
Gehorchen Sie der Stimme Ihres Herzens.
Erzählen Sie anderen von Ihrem Glück.
Drücken Sie Ihre Lebensfreude aus.

Achtung:
Verlieren Sie nicht den Boden unter den Füßen.
Lassen Sie sich nicht fertigmachen und kritisieren.

Crowley: EKSTASE   **KELCHE**
Rider-Waite: EKSTASE   **KELCHE**

Öffnen Sie Ihr Herz.
Lassen Sie Schönheit und Lebendigkeit in Ihr Herz hinein.

As (Der Beste): Höchstleistung, Qualität

Voyager: ERFOLG   **WELTEN**

Tun Sie das, wovon Sie wissen, daß es funktioniert.
Erkennen Sie, daß Sie erfolgreich sind.
Verwirklichen Sie Ihre Ziele.
Streben Sie nach Erfolg.

Achtung:
Vermeiden Sie zwanghaftes Verhalten und Besessenheit.

Crowley: ERFOLG   **SCHEIBEN**
Rider-Waite: ERFOLG   **MÜNZEN**

Erkennen Sie an, daß Sie einen Höhepunkt erreicht haben.
Akzeptieren Sie Reichtum, Gesundheit und Ruhm.

As (Der Beste): Höchstleistung, Qualität

Voyager: ERLEUCHTUNG   STÄBE

Offenbaren Sie die Wahrheit.
Sehen Sie mit Ihrem geistigen Auge, visualisieren Sie.
Kommunizieren Sie, indem Sie „Wortbilder malen".
Zeigen Sie sich.
Erkennen Sie, daß Ihre Erkenntnisse revolutionär sind.
Energetisieren Sie sich.
Hören Sie auf Ihre innere Stimme.
Trennen Sie sich von Glaubenssätzen, die keine Gültigkeit mehr haben.

Achtung:
Überfordern Sie sich und andere nicht.

Crowley: ERLEUCHTUNG   STÄBE
Rider-Waite: ERLEUCHTUNG   STÄBE

Hören Sie auf Ihre Intuition.
Vertrauen Sie auf Ihre „Aha"-Erlebnisse.
Gewinnen Sie Einsichten, indem Sie die Dinge leichtnehmen und ins rechte Licht rücken.

Zwei (Dualität): Bewertung, Überprüfung, Einordnung, Erwägung, Reaktionsfähigkeit

Voyager: GELASSENHEIT KRISTALLE

Gewinnen Sie Abstand, um Klarheit zu bekommen.
Nehmen Sie sich etwas zurück, um objektiv zu sein.
Lassen Sie sich von Unbeteiligten beraten.

Achtung:
Urteilen Sie nicht.
Hüten Sie sich davor, nur allein zu arbeiten.

Crowley: FRIEDEN SCHWERTER

Beruhigen Sie sich.
Schließen Sie Ihren Frieden mit der Vergangenheit.

Rider-Waite: GLEICHGEWICHT SCHWERTER

Sehen Sie beide Seiten eines jeden Problems.
Denken Sie „sowohl … als auch" statt „entweder … oder".

Zwei (Dualität): Bewertung, Überprüfung, Einordnung, Erwägung, Reaktionsfähigkeit

Voyager: GLEICHGEWICHT KELCHE

Steigen Sie nicht zu hoch, fallen Sie nicht zu tief.
Trennen Sie sich von allem, was Sie aus dem Gleichgewicht bringt.
Wahren Sie Ihr emotionales Gleichgewicht.
Bewahren Sie Ihre Mitte.

Achtung:
Seien Sie nicht so reizbar.
Verhalten Sie sich nicht so defensiv.

Crowley: LIEBE KELCHE
Rider-Waite: LIEBE KELCHE

Kommen Sie anderen emotional näher.
Heilen Sie emotionale Verletzungen.
Drücken Sie Ihre Gefühle aus.

Zwei (Dualität): Bewertung, Überprüfung, Einordnung, Erwägung, Reaktionsfähigkeit

Voyager: BETRACHTUNG　　　　WELTEN

Lassen Sie sich Zeit.
Bitten Sie andere um Feedback.
Lernen Sie von anderen.
Überprüfen Sie Ihre Vorstellungen und Denkweisen.
Beobachten Sie.
Stellen Sie sich vor, Sie wären in der Situation Ihrer Kollegen, Mitarbeiter oder Kunden.

Achtung:

Seien Sie schnell genug.
Warten Sie nicht zu lange.

Crowley: WECHSEL　　　　SCHEIBEN
Rider-Waite: WANDEL　　　　MÜNZEN

Leben Sie im Einklang mit der sich ständig wandelnden, vorübergehenden und vergänglichen Natur des Lebens.
Seien Sie flexibel.
Machen Sie den Wandel zu Ihrem Freund und Partner.
Lassen Sie sich verändern.
Lassen Sie los, und trennen Sie sich von allem, was tot ist.
Akzeptieren Sie die Höhen und Tiefen.
Reiten Sie die Wellen des Lebens.
Bewahren Sie Ihr Gleichgewicht.

Zwei (Dualität): Bewertung, Überprüfung, Einordnung, Erwägung, Reaktionsfähigkeit

Voyager: REINHEIT	STÄBE

Schauen Sie der Wahrheit ins Gesicht.
Seien Sie ehrlich, und bleiben Sie sich selbst treu.
Betrachten Sie das Leben, wie es wirklich ist, und nicht, wie Sie es gerne hätten.
Beurteilen Sie nicht schon im voraus.
Schauen Sie, wo sich Ihnen eine Möglichkeit eröffnet.

Achtung:
Seien Sie nicht überheblich.

Crowley: HERRSCHAFT	STÄBE
Rider-Waite: HERRSCHAFT	**STÄBE**

Integrieren Sie Ihre spirituellen Werte in Ihre Arbeit, und werden Sie so zum Meister und zum erfolgreichen Manager.
Seien Sie visionär, und erschaffen Sie Ihre eigene Wirklichkeit.
Betrachten Sie Ihre Arbeit als spirituellen Weg.

Drei (Synthese): Kreativität, Produktion, Manifestation, Ergebnisse

---

Voyager: KREATIVITÄT **KRISTALLE**

Drücken Sie Ihre Ideen aus.
Erschaffen Sie.
Denken Sie laut.
Seien Sie innovativ.

Achtung:
Werden Sie nicht süchtig nach dem Neuen und Aufregenden.

Crowley: KUMMER **SCHWERTER**
Rider-Waite: KUMMER **SCHWERTER**

Achtung:
Lassen Sie Ihr Denkvermögen nicht durch überholte Gefühle trüben.
Seien Sie nicht zu kritisch, und verwerfen Sie nicht Ideen, die Ihnen leidenschaftlich am Herzen liegen.
Unterminieren Sie nicht Standpunkte, die Ihnen lieb und teuer sind.

Drei (Synthese): Kreativität, Produktion, Manifestation, Ergebnisse

Voyager: LIEBE	KELCHE

Seien Sie liebevoll.

Vermischen und vereinigen Sie sich mit den Menschen, die Sie lieben, oder den Dingen, die Sie lieben.

Verschenken Sie Ihre Liebe, und nehmen Sie Liebe an.

Achtung:

Erwarten Sie keine Gegenleistungen.

Crowley: FÜLLE	KELCHE
Rider-Waite: ÜBERFLUSS	KELCHE

Teilen Sie Ihre Gefühle mit, um Einheit und Teamgeist zu kreieren.

Teilen Sie den emotionalen Lohn des Erfolgs mit anderen.

Unterstützen Sie andere emotional.

Richten Sie Ihre Wünsche und Leidenschaften so aus, daß Sie gemeinsam mit anderen kreativ sein können.

Drei (Synthese): Kreativität, Produktion, Manifestation, Ergebnisse

Voyager: NÄHREN   WELTEN

Kultivieren Sie Ihre Arbeit, leiten Sie Ihre Projekte, lenken Sie Ihr Geld, schützen und führen Sie Ihre Angestellten mit Liebe, Kreativität, Mitgefühl und Weisheit.

Achtung:
Seien Sie nicht überfürsorglich.

Crowley: ARBEIT   SCHEIBEN

Arbeiten Sie.
Geben Sie Ihr Bestes.
Verausgaben Sie sich.
Wirken Sie mit anderen zusammen, arbeiten Sie im Team.
Arbeiten Sie mit Menschen, die denselben Fokus haben wie Sie.

Rider-Waite: BAUEN   MÜNZEN

Entwerfen und bauen Sie.
Verhalten Sie sich korrekt.
Verschönern Sie etwas.
Seien Sie stolz auf Ihre Fähigkeiten.
Bringen Sie Dinge zu Ende.
Kümmern Sie sich auch um Details.
Renovieren und erhalten Sie.
Kümmern Sie sich um die Instandhaltung.

Drei (Synthese): Kreativität, Produktion, Manifestation, Ergebnisse

Voyager: MITGEFÜHL	STÄBE

Lieben Sie mit Weisheit.
Nehmen Sie mit Verständnis an.
Zeigen Sie Mitgefühl.
Bieten Sie sich an.
Vergeben Sie.
Seien Sie sanftmütig.
Danken Sie.
Seien Sie ein Heiliger.

Achtung:
Übertreiben Sie das Geben nicht.
Werden Sie nicht zum Märtyrer.

Crowley: TUGEND	STÄBE
Rider-Waite: TUGEND	**STÄBE**

Seien Sie tugendhaft.
Tun Sie das Richtige.
Machen Sie es sich nicht zu leicht.
Gehen Sie mit Ihrer Integrität keine Kompromisse ein.
Respektieren und würdigen Sie sich selbst.

Vier (Bauen): Führung, Organisation, Planung

Voyager: LOGIK   **KRISTALLE**

Denken Sie nach.
Denken Sie ganzheitlich.
Integrieren Sie.
Systematisieren Sie.
Planen Sie.
Analysieren Sie.
Bestimmen Sie Grundlagen und Grundsätze.

Achtung:
Passen Sie auf, daß Ihnen Inspiration, Kreativität und Freude nicht verlorengehen.

Crowley: WAFFENRUHE   **SCHWERTER**
Rider-Waite: RÜCKZUG   **SCHWERTER**

Lassen Sie die Dinge, wie sie sind.
Erlauben Sie Ihrem Verstand, sich einmal auszuruhen.
Lassen Sie sich von Ihren Träumen und Ihrem Unterbewußtsein leiten.
Lassen Sie überholte Ideen sterben.

Vier (Bauen): Führung, Organisation, Planung

Voyager: WUT   KELCHE

Setzen Sie Ihre Wut in Taten um.
Zeigen Sie Ihre Frustration, um positive Energien zu wecken.

Achtung:
Hüten Sie sich vor der zerstörerischen Macht der Wut.

Crowley: ÜPPIGKEIT   KELCHE

Belohnen Sie sich selbst und andere emotional.
Teilen Sie Ihre Freude mit anderen.
Verwöhnen Sie sich.

Rider-Waite: VERSCHLOSSENHEIT   KELCHE

Achtung:
Seien Sie emotional nicht „zu" oder blockiert.
Öffnen Sie sich der Fülle des Lebens und dem Glück.
Machen Sie sich bewußt, daß Sie es verdient haben.
Seien Sie nicht undankbar für das, was Sie erreicht haben.

Vier (Bauen): Führung, Organisation, Planung

Voyager: NEUBEGINN	WELTEN

Ergreifen Sie die Initiative.
Bringen Sie Schwung in eine Sache.
Beginnen Sie etwas Neues.
Erstreben Sie etwas
Gehen Sie aus sich heraus.
Entwickeln Sie sich.
Nehmen Sie Herausforderungen an.
Akzeptieren Sie, daß Arbeit und Anstrengung notwendig sind.

Achtung:
Seien Sie nicht starrköpfig und insensibel.
Führen Sie Dinge zu Ende.

Crowley: MACHT	SCHEIBEN
Rider-Waite: MACHT	MÜNZEN

Etablieren Sie sich.
Verteidigen Sie Ihre Position.
Bewahren Sie.
Halten Sie durch, seien Sie verläßlich und beständig.
Konzentrieren Sie sich.
Gewährleisten Sie Ihre Sicherheit.
Schützen Sie Ihre Interessen.

Achtung:
Seien Sie nicht gierig.
Bewahren Sie sich Ihre Kreativität.
Verlieren Sie nicht den Kontakt.
Isolieren Sie sich nicht.
Werden Sie nicht geizig.

Vier (Bauen): Führung, Organisation, Planung

Voyager: AUFSTREBEN **STÄBE**

Seien Sie ehrgeizig.
Setzen Sie sich ein Ziel.
Verwirklichen Sie Ihre Visionen.
Streben Sie nach Verbesserung.
Streben Sie nach dem Höchsten.
Führen Sie.
Befreien Sie sich selbst, um Ihre Ambitionen zu verwirklichen.

Achtung:
Leben Sie jetzt und nicht erst in der Zukunft.

Crowley: VOLLENDUNG **STÄBE**
Rider-Waite: VOLLENDUNG **STÄBE**

Wenn Sie den Naturgesetzen folgen, werden Sie zur Ganzheit gelangen.
Vollenden Sie den Zyklus von Planen, Pflanzen, Hegen und Ernten.

Fünf (Lernen): Erneuerung, Elastizität, Erholung, Umschulung

Voyager: NEGATIVITÄT   KRISTALLE

Sagen Sie auf positive Weise „nein".
Sagen Sie „bis hierher und nicht weiter".
Lernen Sie aus negativen Erfahrungen.

Achtung:

Hüten Sie sich vor Pessimismus, Selbstzweifeln, Eifersucht, Ressentiments und destruktiver Kritik.

Crowley: NIEDERLAGE   SCHWERTER
Rider-Waite: NIEDERLAGE   SCHWERTER

Überwinden Sie negative Denkmuster.
Triumphieren Sie über eine konkurrierende Idee, die nicht funktioniert.

Achtung:

Gehen Sie nicht davon aus, daß Sie von vornherein verloren haben.
Hüten Sie sich vor intellektueller Arroganz.

Fünf (Lernen): Erneuerung, Elastizität, Erholung, Umschulung

Voyager: ENTTÄUSCHUNG	KELCHE

Geben Sie Ihre Erwartungshaltung auf.
Verschaffen Sie sich einen Überblick.
Untersuchen Sie Hintergründe.
Wachsen Sie mit Weisheit.
Lernen Sie zu akzeptieren.

Achtung:
Hüten Sie sich vor Depressionen und zerstörerischen Reaktionen.

Crowley: ENTTÄUSCHUNG	KELCHE
Rider-Waite: ENTTÄUSCHUNG	KELCHE

Bedenken Sie, daß es selbst dann noch Hoffnung gibt, wenn Sie enttäuscht worden sind.

Achtung:
Übertragen Sie Ihre Traurigkeit, Ihr Unglücklichsein und Ihre schlechte Laune nicht auf andere.

Fünf (Lernen): Erneuerung, Elastizität, Erholung, Umschulung

Voyager: RÜCKSCHLAG	WELTEN

Gehen Sie einen Schritt zurück, um zwei nach vorne gehen zu können.

Ziehen Sie sich strategisch zurück.

Werden Sie durch Mißgeschicke stärker.

Lernen Sie, Auswege zu erkennen, wenn Sie nicht weiter wissen oder zurückgeworfen wurden.

Passen Sie sich an.

Achtung:

Geben Sie nicht auf.

Denken Sie nicht, Sie seien ein Versager.

Fünf (Lernen): Erneuerung, Elastizität, Erholung, Umschulung

Crowley: QUÄLEREI   SCHEIBEN

Sorgen Sie sich auf gesunde Weise.

Achtung:
Machen Sie sich keine Sorgen, durch die Ihre Bewußtheit, Ihre Objektivität, Ihre geistige Präsenz oder Ihr Handlungsvermögen beeinträchtigt werden.

Rider-Waite: ARMUTSBEWUSSTSEIN MÜNZEN

Haben Sie Mitgefühl für die, die weniger Glück haben als Sie, die benachteiligt oder behindert sind.
Seien Sie dankbar für Ihr Glück.

Achtung:
Jammern Sie nicht, daß Sie „es so schwer haben" oder daß Sie „das nicht verdient haben".
Entwickeln Sie keinen Märtyrerkomplex.
Verfallen Sie nicht dem Irrglauben, daß die Welt sich gegen Sie verschworen hat.
Hüten Sie sich vor Minderwertigkeitskomplexen.
Seien Sie nicht passiv, und nehmen Sie Ihr „schweres Los" nicht als gottgegeben hin, in der Hoffnung, daß Ihnen schon jemand helfen wird.

Fünf (Lernen): Erneuerung, Elastizität, Erholung, Umschulung

Voyager: UNTERDRÜCKUNG   STÄBE

Akzeptieren Sie körperliche Einschränkungen.

Bewahren Sie Ihre Disziplin.

Erkennen Sie, wie Sie sich durch Ihre Starrköpfigkeit selbst einschränken und unterdrücken.

Bringen Sie Ihren Standpunkt zum Ausdruck.

Bedenken Sie, daß Sie erst wissen, was Freiheit ist, wenn Sie Unterdrückung erfahren haben.

Achtung:

Verfallen Sie nicht in Selbstmitleid.

Unterdrücken Sie nicht andere.

Crowley: STREBEN   STÄBE
Rider-Waite: HADER   STÄBE

Achtung:

Streiten Sie nicht über Ziele, Visionen und einzuschlagende Richtungen.

Hüten Sie sich vor Unterdrückung und Beschränkung durch Streitereien oder von außen aufoktroyierte Zwänge.

Sechs (Integration): Einheit, Team, Konsens

Voyager: VERWIRRUNG   **KRISTALLE**

Seien Sie mit anderen einer Meinung, nicht einer Meinung zu sein.

Akzeptieren Sie Zweideutigkeit, Konflikte und Chaos als unschätzbar wichtige Kreativitätsquellen.

Machen Sie sich Unterschiede, Gegensätze und Spannungen zunutze, um Durchbrüche zu erzielen.

Denken Sie revolutionär.

Achtung:

Hüten Sie sich vor engstirniger Intoleranz.

Identifizieren Sie sich nicht mit einer Idee.

Hüten Sie sich vor unangemessenen Reaktionen.

Lassen Sie sich nicht stören oder unterbrechen.

Crowley: WISSENSCHAFT   **SCHWERTER**

Nutzen Sie Ihre brennende Neugierde und Ihre Fähigkeit zur Einsicht, um zu erkennen, wie etwas funktioniert und welche Zusammenhänge bestehen.

Rider-Waite: ÜBERGANG   **SCHWERTER**

Hüten Sie sich davor, Entscheidungen, Beschlüsse und Vorsätze zu treffen, während Sie sich im Übergang zu neuen Perspektiven, Systemen und Methoden befinden.

Sechs (Integration): Einheit, Team, Konsens

Voyager: TRAUER   KELCHE

Drücken Sie Ihre Gefühle – besonders Traurigkeit, Enttäuschung oder Frustration – aus, ohne jemanden zu beschuldigen; befreien Sie auf diese Weise Ihr Herz, damit es energetisiert werden kann.

Lassen Sie alte emotionale Schmerzen los.

Verbinden Sie sich emotional mit anderen Menschen, indem Sie Ihre Verletzlichkeit zeigen.

Achtung:

Hüten Sie sich davor, Emotionen zu unterdrücken, denn das kann zu Isolation, Vereinsamung und Entfremdung führen.

Crowley: GENUSS   KELCHE

Bewahren Sie sich ein sonniges Gemüt.

Tun Sie herrliche und vergnügliche Dinge.

Gönnen Sie sich genügend Ruhe und Erholung, um wohlauf zu sein.

Rider-Waite: GEFÜHL   KELCHE

Teilen Sie Ihre nostalgischen Gefühle mit anderen.

Verschenken Sie etwas.

Lassen Sie Ihr inneres Kind agieren, spielen Sie.

Werden Sie weicher.

Achtung:

Verlieren Sie sich nicht in Erinnerungen.

Sechs (Integration): Einheit, Team, Konsens

Voyager: SYNERGIE   **WELTEN**

Vereinheitlichen und integrieren Sie.

Bilden Sie ein Team, eine Einheit, die miteinander lebt, arbeitet und spielt, denn das Ganze ist mehr als die Summe seiner Teile.

Helfen Sie einander, da jedes Team nur so stark sein kann wie sein schwächstes Glied.

Leisten Sie Ihren Beitrag.

Nehmen Sie teil, gehen Sie Verpflichtungen ein.

Stellen Sie Regeln auf, legen Sie die Rollenverteilung fest.

Achtung:

Opfern Sie sich nicht auf, gehen Sie keine Kompromisse ein, und verlieren Sie sich und Ihre einzigartige Genialität nicht in der Gruppe.

Tauchen Sie nicht in einer Gruppe unter.

Crowley: ERFOLG   **SCHEIBEN**
Rider-Waite: ERFOLG   **MÜNZEN**

Gehen Sie diszipliniert vor *und* gehen Sie Risiken ein.

Arbeiten Sie logisch *und* intuitiv, erschaffen Sie *und* warten Sie ab, bis etwas zu Ihnen kommt – dann haben Sie Erfolg und werden auch weiterhin Erfolg haben.

Setzen Sie alle Ihre unternehmerischen Talente und Fähigkeiten ein, um erfolgreich zu sein.

Gehen Sie großzügig mit Ihrem Reichtum und Wohlstand um.

Sechs (Integration): Einheit, Team, Konsens

Voyager: VERTRAUEN	STÄBE

Rechtfertigen Sie das in Sie gesetzte Vertrauen.
Glauben Sie an sich.
Entwickeln Sie Vertrauen.
Haben Sie Vertrauen in die von Ihnen eingegangenen Bündnisse und Partnerschaften.
Kommunizieren Sie offen und ehrlich.

Achtung:
Lassen Sie sich nicht ausnutzen.

Crowley: SIEG	STÄBE
Rider-Waite: SIEG	**STÄBE**

Glauben Sie daran, daß der Geist des Lebens und des Lichts über Dunkelheit und Unterdrückung triumphieren wird.
Verbünden Sie sich mit den Mächten des Reinen und Guten.
Siegen Sie mit Hilfe der Macht der Wahrheit und der Tugend.

Achtung:
Überfahren Sie andere und deren Rechte nicht durch egoistische Selbstherrlichkeit.

Sieben (Vollständigkeit): Leistung, Verwirklichung, Fortschritt

Voyager: STUMPFHEIT KRISTALLE

Seien Sie realistisch in Ihrem Denken, seien Sie praktisch.
Sie erreichen Ihre Ziele, indem Sie auch langweilige Routine-
aufgaben ausführen.
Bleiben Sie am Ball.
Konzentrieren Sie sich auf die Gegenwart.
Tun Sie auch kleine Dinge, die niemand bemerken wird.
Vergessen Sie nicht das Grundlegende.
Gönnen Sie Ihrem Verstand Ruhe, indem Sie auch monotone
und langweilige Aufgaben ausführen.

Achtung:
Bewahren Sie sich Ihre Neugierde.
Verlassen Sie sich nicht nur auf eine einzige Informations-
quelle.
Lassen Sie sich von Blockaden und Hindernissen nicht auf-
halten.
Halten Sie nicht an alten Gewohnheiten fest, die Sie zurück-
halten.

Crowley: VERGEBLICHKEIT SCHWERTER

Achtung:
Glauben Sie nicht, daß etwas sinnlos sei, nur weil Sie sich
eingeengt fühlen, weil Ihnen nichts greifbar oder beständig
erscheint oder weil Ihnen eine Sache zu groß oder zu viel ist
und Sie glauben, Sie könnten sie sowieso nicht in den Griff
bekommen.
Übernehmen Sie sich nicht.
Erhalten Sie sich Ihren Willen und Ihre Leidenschaft.

Rider-Waite: TÄUSCHUNG   **SCHWERTER**

Achtung:

Hüten Sie sich vor Selbsttäuschung.

Verfallen Sie nicht dem Irrglauben, Sie seien der Beste und hätten die Konkurrenz ausgestochen, wenn Sie in Wirklichkeit von anderen gestohlen oder bestenfalls eine Anleihe bei ihnen gemacht haben.

Seien Sie auf der Hut vor Ihrem Ego und Anflügen von Selbstherrlichkeit.

Würdigen Sie andere für ihre Beiträge und Leistungen.

Sieben (Vollständigkeit): Leistung, Verwirklichung, Fortschritt

Voyager: ANGST   **KELCHE**

Tun Sie gerade das, wovor Sie Angst haben, denn hinter der Angst wartet eine Chance auf Sie.

Gehen Sie Risiken ein.

Fühlen Sie Ihre Angst, und handeln Sie trotzdem.

Seien Sie vorsichtig, sorgen Sie sich auf gesunde Weise.

Vertrauen Sie Ihrem Gefühl, wenn es Ihnen rät, vorsichtig zu sein.

Achtung:

Lassen Sie sich durch Ihre Angst nicht zurückhalten.

Achtung:

Seien Sie nicht allzu nachsichtig.

Überarbeiten Sie sich nicht.

Vermeiden Sie Monotonie und Routine, die zu emotionalem Stillstand, Erschöpfungszuständen und ungesunden Gewohnheiten wie beispielsweise Alkoholmißbrauch führen können.

Rider-Waite: ZAUBEREI   **KELCHE**

„Zaubern" Sie! Ihre Hoffnungen und Träume werden wahr werden, wenn Sie sie stetig visualisieren.

Erfüllen Sie Ihre eigenen Prophezeiungen, indem Sie an Ihre Vision glauben.

Machen Sie sich Ihre Befürchtungen bewußt, und sorgen Sie dafür, daß Sie nicht eintreffen.

Achtung:

Leben Sie nicht in einer emotionalen Phantasiewelt.

Seien Sie vorsichtig, was Sie sich wünschen und wovor Sie sich fürchten, denn es wird letztlich eintreffen.

Sieben (Vollständigkeit): Leistung, Verwirklichung, Fortschritt

Voyager: DURCHBRUCH   WELTEN

Seien Sie dynamisch, eilen Sie vorwärts, seien Sie die treibende Kraft.
Handeln Sie jetzt! Zeigen Sie sich! Setzen Sie sich voll ein!
Geben Sie Ihr Bestes.
Tun Sie es jetzt oder nie.
Packen Sie die Gelegenheit beim Schopf.

Achtung:
Seien Sie nicht ungeduldig.
Überfordern Sie andere nicht.

Crowley: FEHLSCHLAG   SCHEIBEN

Achtung:
Achten Sie darauf, Ihrer Arbeit genug Aufmerksamkeit und Energie zu widmen, Ihre Fähigkeiten einzubringen, sich einer Sache zu verpflichten und nichts zu übertreiben.
Halten Sie sich nicht für einen Versager.

Rider-Waite: WACHSTUM   MÜNZEN

Glauben Sie daran, daß Sie Erfolg haben werden, wenn Sie Zeit, Geld und Ihre Fähigkeiten in Ihren Beruf einbringen.
Arbeiten Sie schwer.
Schenken Sie Ihrem Beruf Aufmerksamkeit.
Glauben Sie an Ihre Arbeit.
Investieren Sie in Ihr Geschäft.

Sieben (Vollständigkeit): Leistung, Verwirklichung, Fortschritt

Voyager: MUT	STÄBE

Seien Sie mutig, seien Sie ein spiritueller Krieger.
Bekämpfen Sie den inneren Dämon der Angst und Unwissenheit.
Seien Sie kein Waschlappen.
Fühlen Sie Ihre Angst, und machen Sie sie zu Ihrem Verbündeten.

Achtung:
Werden Sie nicht zum Angstdämon für andere.

Crowley: TAPFERKEIT	STÄBE
Rider-Waite: TAPFERKEIT	**STÄBE**

Treten Sie für Ihre höchsten Überzeugungen ein.
Ehren und verteidigen Sie Ihre Integrität.
Riskieren Sie, bei der Verteidigung Ihrer spirituellen Werte verwundet zu werden.

Acht (Gleichheit): Gleichgewicht, Stabilität, Aufrechterhaltung, Symmetrie, Ausrichtung, Übereinstimmung

Voyager: SYNTHESE   KRISTALLE

Finden Sie die goldene Mitte, und kommen Sie durch Übereinstimmung, Verhandlungen und die Integration gegensätzlicher Kräfte und Ideen zu Ergebnissen.

Seien Sie flexibel in Ihrem Denken.

Treten Sie mit Menschen unterschiedlicher Ansichten in einen Dialog, und kreieren Sie Situationen, in denen alle Beteiligten gewinnen.

Verbinden Sie die Vorstellungskraft Ihrer rechten Gehirnhälfte mit der Logik der linken, um anderen Menschen Ihre originellen, praktisch umsetzbaren Ideen mitzuteilen.

Achtung:
Wenn Sie Ihre Originalität und Integrität verwässern, werden Sie handlungsunfähig.

Crowley: EINMISCHUNG   SCHWERTER

Achtung:
Setzen Sie Ihr Durchsetzungsvermögen nicht durch allzu analytisches und widersprüchliches Denken aufs Spiel.

Rider-Waite: GEFANGENSCHAFT   SCHWERTER

Achtung:
Sie werden handlungsunfähig, wenn Sie zu viele Ideen und/oder alte Glaubenssätze haben, die negativ/kritisch oder sinnlos sind oder überhaupt nicht funktionieren.

Acht (Gleichheit): Gleichgewicht, Stabilität, Aufrechterhaltung, Symmetrie, Ausrichtung, Übereinstimmung

Voyager: STILLSTAND   KELCHE

Lassen Sie die Dinge in Ruhe reifen.
Drängen Sie nicht.
Planen Sie Zeit für den Reifungsprozeß ein.

Achtung:
Lassen Sie die Dinge nicht stagnieren, bis sie tot sind.

Crowley: TRÄGHEIT   KELCHE

Achtung:
Hüten Sie sich vor emotionalen Erschöpfungszuständen, die Sie Ihrer Vitalität berauben.
Geben Sie nicht mehr als Sie bekommen.
Verlieren Sie nicht die Hoffnung, bewahren Sie sich Ihre Vorfreude.

Rider-Waite: ZURÜCKWEISUNG   KELCHE

Weisen Sie zurück, was sich nicht mehr richtig anfühlt.
Lassen Sie Altes, das Sie nicht mehr befriedigt, hinter sich.

Achtung:
Geben Sie sich nicht dem Gefühl hin, zurückgewiesen und im Stich gelassen zu sein, denn Sie verlieren sonst leicht die Hoffnung und sehen Ihre Möglichkeiten nicht mehr.
Sabotieren Sie sich nicht selbst aus Angst vor Zurückweisung, Kritik und Verlusten.
Flüchten Sie nicht, nehmen Sie teil.

Acht (Gleichheit): Gleichgewicht, Stabilität, Aufrechterhaltung, Symmetrie, Ausrichtung, Übereinstimmung

Voyager: VERÄNDERUNG   WELTEN

Passen Sie sich an die sich stets wandelnden Zyklen an.

Geben Sie sich dem Fluß des Lebens hin.

Entwickeln Sie sich im Laufe der Zeit.

Lassen Sie die Vergangenheit ruhig hinter sich, und konzentrieren Sie sich auf das, was auf natürliche Weise auf Sie zukommt.

Achtung:

Vermeiden Sie Ziel-, Orientierungs- und Richtungslosigkeit.

Bringen Sie Projekte zum Abschluß.

Crowley: UMSICHT   SCHEIBEN

Seien Sie vorsichtig.

Kultivieren und erhalten Sie.

Versichern Sie sich.

Beschützen Sie.

Gehen Sie auf Nummer Sicher.

Tun Sie das Richtige.

Lassen Sie sich Zeit.

Achtung:

Vermeiden Sie Abkürzungen.

Überspringen Sie nichts.

Versuchen Sie nicht, sich durchzumogeln.

Geben Sie Ihr Bestes.

Tun Sie, wozu Sie fähig sind.

Werden Sie ein Meister in Ihrem Beruf.

Bemühen Sie sich um Vollkommenheit.

Seien Sie verläßlich, und erfüllen Sie die an Sie gestellten Anforderungen.

Seien Sie produktiv.

Tun Sie, was nötig ist.

Seien Sie ein Profi.

Acht (Gleichheit): Gleichgewicht, Stabilität, Aufrechterhaltung, Symmetrie, Ausrichtung, Übereinstimmung

Voyager: HARMONIE   STÄBE

Vermitteln Sie.

Gehen Sie den Weg der goldenen Mitte.

Schaffen Sie Differenzen aus der Welt.

Kommunizieren Sie, legen Sie Streitereien bei.

Hören Sie zu.

Sagen Sie die richtigen Worte zum richtigen Zeitpunkt.

Lösen Sie Konflikte.

Heilen Sie.

Sorgen Sie dafür, daß nichts übertrieben wird.

Achtung:

Achten Sie darauf, daß Sie Ihre Kraft nicht abgeben und Ihre Überzeugungen nicht verraten.

Crowley: SCHNELLIGKEIT   STÄBE

Denken Sie intuitiv, denn es geht schneller.

Teilen Sie Ihre intuitiven Gedanken mit.

Lösen Sie Probleme mit Ihrer weisen und machtvollen Intuition, durchbrechen Sie Blockaden.

Rider-Waite: VORAUSSCHAU   STÄBE

Seien Sie sich bewußt, daß Ihre Ahnungen und Visionen die Zukunft vorwegnehmen.

Denken Sie daran, daß Sie ein Bote sind, ein Verkünder des Orakels, der neue Tendenzen, Zyklen, Gelegenheiten und Möglichkeiten aufzeigt.

Neun (Ganzheit): Erfüllung, Vollendung

Voyager: EINENGUNG	**KRISTALLE**

Konzentrieren Sie sich.

Setzen Sie Prioritäten.

Behalten Sie den eingeschlagenen Kurs bei.

Machen Sie selbst in den dunkelsten Stunden weiter.

Beißen Sie die Zähne zusammen, und führen Sie Ihre Arbeit fort.

Geben Sie nicht auf.

Gehen Sie nach außen und in die Tiefe.

Achtung:

Seien Sie nicht engstirnig.

Crowley: GRAUSAMKEIT	**SCHWERTER**

Achtung:

Seien Sie nicht zu kritisch.

Urteilen Sie nicht zu hart.

Verlangen Sie nicht zu viel von sich selbst und anderen.

Rider-Waite: ANGST	**SCHWERTER**

Achtung:

Hüten Sie sich vor Schuldgefühlen, Angstzuständen, Schlaflosigkeit und ungelösten Konflikten, die Sie in innere Unruhe versetzen.

Denken Sie nicht in Kategorien wie „wenn ..., dann ...".

Neun (Ganzheit): Erfüllung, Vollendung

Voyager: ERFÜLLUNG   KELCHE

Verwirklichen Sie Ihr Potential, setzen Sie Ihre Talente um.
Erfüllen Sie Ihre Pflichten.
Tun Sie Ihr Bestes, das zu erreichen, was Sie erreichen können.
Führen Sie Ihre Projekte weiter, und halten Sie durch.
Seien Sie glücklich und zufrieden mit dem, was Sie tun.
Öffnen Sie sich, damit Sie die Fülle der Möglichkeiten und Energien annehmen können, die jeden Moment auf Sie einströmen.
Genießen Sie den Lohn Ihrer Erfolge.

Achtung:
Hüten Sie sich vor Perfektionismus.
Schieben Sie nichts auf die lange Bank.

Crowley: FREUDE   KELCHE

Seien Sie glücklich.
Geben Sie sich dem Fluß des Lebens hin.
Öffnen Sie sich, und empfangen Sie die Geschenke des Lebens.

Rider-Waite: ERFÜLLUNG   KELCHE

Seien Sie zufrieden mit dem, was Sie haben.

Achtung:
Hüten Sie sich vor Selbstgefälligkeit.
Horten Sie nichts.
Teilen Sie mit anderen, schenken Sie.
Legen Sie Wohlwollen und eine karitative Einstellung an den Tag.

Neun (Ganzheit): Erfüllung, Vollendung

Voyager: ERNTE WELTEN

Bringen Sie Ihre Projekte zum Abschluß.
Bieten Sie Ihre Arbeitskraft und Ihre Fähigkeiten an.
Verkaufen Sie Ihre Produkte.
Stellen Sie Ihr Produkt jetzt her, da Sie alles haben, was dafür nötig ist.
Zeigen Sie, was Sie können.
Tätigen Sie Abschlüsse.

Achtung:

Verkaufen Sie sich und Ihre Produkte nicht zu billig.
Bringen Sie die Dinge zu Ende.

Crowley: GEWINN SCHEIBEN

Beachten Sie, daß Sie zwar Fortschritte machen, Ihre Arbeit aber noch nicht beendet ist.
Behalten Sie im Auge, daß jeder Schritt eine Leistung ist, eine Vollendung, ein Erfolg.
Machen Sie weiter und immer weiter – kleine Schritte summieren sich.
Haben Sie Freude an der Arbeit.

Rider-Waite: WOHLSTAND MÜNZEN

Achten Sie nicht nur auf Quantität, sondern auch auf Qualität.
Kreieren Sie Überfluß.
Legen Sie einen Vorrat an.
Stellen Sie sicher, daß Sie liefern und die Wünsche der Kunden erfüllen können.

Neun (Ganzheit): Erfüllung, Vollendung

Voyager: INTEGRITÄT STÄBE

Tun Sie das Richtige.
Bleiben Sie Ihren Werten treu.
Treten Sie für Ihre Überzeugungen ein.
Leben Sie das, wovon Sie reden.
Beschützen und bewahren Sie, was lebenswichtig ist.
Setzen Sie Grenzen.

Achtung:
Bleiben Sie flexibel.
Verlieren Sie nicht den Anschluß an die aktuellen Gegebenheiten und Trends.

Crowley: STÄRKE STÄBE
Rider-Waite: STÄRKE STÄBE

Bringen Sie Ihre inneren Werte mit Ihrer Arbeitsethik und den Werten, die Sie schaffen, in Einklang.
Sorgen Sie dafür, daß sich Ihre beruflichen Träume erfüllen.
Seien Sie dynamisch *und* empfänglich, aktiv *und* still, hart *und* weich, integrieren Sie die männliche und die weibliche Seite in sich.
Bekämpfen Sie die lebensfeindlichen Kräfte der Unterdrückung.

Zehn (Erfolg): Belohnung, Profit, Anerkennung

Voyager: SELBSTTÄUSCHUNG   KRISTALLE

Vertrauen Sie auf Ihre Vision, Ihre Intuition und Ihre Instinkte.
Glauben Sie.
Denken Sie in großen Zusammenhängen.
Verschaffen Sie sich den Überblick.
Verwirklichen Sie Ihre Träume, sonst sind sie nur Seifenblasen.
Riskieren Sie etwas, auch wenn die Gefahr besteht, aufs Glatteis zu geraten.
Riskieren Sie etwas, denn wer nicht wagt, der nicht gewinnt.

Achtung:
Sabotieren Sie sich nicht selbst durch negatives Denken und Selbstzweifel.
Hören Sie nicht auf Leute, die konventionelle Ideen verbreiten.

Crowley: UNTERGANG   SCHWERTER

Achtung:
Haben Sie keine Angst.
Denken Sie nicht in „Alles oder nichts"-Kategorien.
Denken Sie nicht „entweder/oder".

Rider-Waite: ENDGÜLTIGKEIT   SCHWERTER

Lassen Sie die veralteten Überzeugungen sterben.

Achtung:
Lassen Sie sich nicht so sehr von Ihrem Verstand beherrschen, daß Ihnen gleich die Luft ausgeht, wenn sich eine geliebte Idee als nicht mehr angemessen herausstellt.
Verfallen Sie nicht dem Irrglauben, daß es absolute, unveränderliche Wahrheiten gibt.

Zehn (Erfolg): Belohnung, Profit, Anerkennung

Voyager: LEIDENSCHAFT   KELCHE

Handeln Sie Ihren stärksten Gefühlen und Neigungen entsprechend – und denken Sie nicht darüber nach.

Wenn Sie von etwas begeistert sind, wenn Sie motiviert und inspiriert sind, werden Sie auch erfolgreich sein.

Denken Sie daran, daß Leidenschaft ein ausgezeichnetes Verkaufsargument ist.

Wenn Sie ein Ziel erreichen wollen, arbeiten Sie dafür.

Achtung:

Lassen Sie sich durch Enttäuschungen nicht entmutigen.

Crowley: SATTHEIT   KELCHE

Fühlen und genießen Sie die Befriedigung, die der Erfolg mit sich bringt.

Teilen Sie dieses Gefühl mit anderen.

Rider-Waite: FREUDE   KELCHE

Erfreuen Sie sich an Ihren Leistungen.

Jubilieren Sie.

Feiern Sie.

Seien Sie dankbar.

Zehn (Erfolg): Belohnung, Profit, Anerkennung

Voyager: BELOHNUNG   WELTEN

Glauben Sie daran, daß Sie viel Geld verdienen können.
Behalten Sie den Profit im Auge.
Belohnen Sie sich selbst für gute Arbeit und verkaufte
Produkte.
Seien Sie großzügig und dankbar.
Riskieren Sie etwas, und investieren Sie, um zu expandieren
und mehr zu verdienen.

Achtung:
Arbeiten Sie nicht nur für Geld.

Crowley: REICHTUM   SCHEIBEN
Rider-Waite: REICHTUM   MÜNZEN

Verwandeln Sie Ihre Talente in Gold.
Glauben Sie daran, daß Sie reich werden.

Zehn (Erfolg): Belohnung, Profit, Anerkennung

Voyager: WACHSTUM	**STÄBE**

Wachsen Sie.

Führen Sie Ihr Geschäft nach Öko-Management-Prinzipien.

Lassen Sie das Wachstum in seinem eigenen Tempo und auf seine eigene Weise geschehen.

Erweitern und expandieren Sie.

Greifen Sie nach den Sternen.

Verwurzeln Sie sich. Verzweigen Sie sich.

Zeigen Sie sich.

Verändern Sie sich im Einklang mit den natürlichen Zyklen.

Verbessern Sie die Qualität Ihres Produkts.

Recyceln und erneuern Sie.

Achtung:

Hüten Sie sich vor Methoden, die schnellen Reichtum versprechen.

Crowley: UNTERDRÜCKUNG	**STÄBE**
Rider-Waite: UNTERDRÜCKUNG	**STÄBE**

Achtung:

Hüten Sie sich vor selbstauferlegten Begrenzungen, die auf beschränkter oder falscher Selbstwahrnehmung beruhen.

Erliegen Sie nicht dem Irrglauben, demzufolge alles ein einziger Krampf und sowieso unmöglich ist, weswegen sich die Anstrengung erst gar nicht lohnt.

Folgen Sie Ihren Leidenschaften und Träumen.

Geben Sie Ihre Visionen und Ideale nicht auf.

Vertrauen Sie auf Ihre wunderbaren, unglaublichen Fähigkeiten.

Gehen Sie nicht immer auf Nummer Sicher, damit Sie sich Ihren Projekten wirklich mit ganzer Kraft widmen können.

Gehen Sie unternehmerische Risiken ein.

★ Legesystem: Was ist meine Zahl?

Welche Eigenschaften bringen Sie für das Geschäftsleben mit?
Was ist Ihr Wert?

Finden Sie, ausgehend von Ihrer einstelligen Lebenskarte, heraus, welche vier Karten der vier Farben dieselbe Nummer haben und was diese für Sie repräsentieren.

Ist Ihre einstellige Lebenskarte zum Beispiel VI *Die Liebenden,* sind Ihre Sechserkarten

im Voyager	Kristalle	–	Verwirrung
	Kelche	–	Trauer
	Welten	–	Synergie
	Stäbe	–	Vertrauen
im Crowley	Schwerter	–	Wissenschaft
	Kelche	–	Genuß
	Scheiben	–	Erfolg
	Stäbe	–	Sieg
im Rider-Waite	Schwerter	–	Übergang
	Kelche	–	Gefühl
	Münzen	–	Erfolg
	Stäbe	–	Sieg

Nummer und Name der Lebenskarte _____

Die entsprechende Karte der Kristalle / Schwerter _____

Persönliche Deutung _____

_____

Die entsprechende Karte der Kelche _____

Persönliche Deutung _____

_____

_____

Die entsprechende Karte der Welten / Scheiben / Münzen

_____

Persönliche Deutung _____

_____

_____

Die entsprechende Karte der Stäbe _____

Persönliche Deutung _____

_____

_____

★ Legesystem: Bringen Sie Ihre Talente zum Ausdruck

Ziehen Sie aus den verdeckt liegenden Karten der vier Farben (As bis Zehn jeder Farbe) eine, um herauszufinden, welche Eigenschaften Sie in Ihren Geschäftsbeziehungen verkörpern.

Name der Karte _____

Persönliche Deutung _____

_____

_____

Ruft diese Karte bei Ihnen eine weitere Frage hervor? Fahren Sie mit dem Frage-und-Antwort-Prozeß fort, bis Sie das Gefühl haben, daß er abgeschlossen ist.

Frage _____

_____

Name der Karte _____

Persönliche Deutung _____

Frage _____

_____

Name der Karte _____

Persönliche Deutung _____

_____

_____

Frage _____

_____

Name der Karte _____

Persönliche Deutung _____

_____

_____

Wertekommunikation

Innere Werte sind eine absolute Notwendigkeit, da Verläßlichkeit und Qualität in einer Welt des immer schnelleren Wandels sehr geschätzt werden. Die Kommunikation dieser Werte ist aber ebenso wichtig. Daß die Gespräche zwischen Ihnen und Ihren Kollegen und der Teamgeist immer mehr an Bedeutung gewinnen, spiegelt die sich wandelnde Natur der Arbeit im Kommunikationszeitalter wider.

Erfolg hat in der heutigen Arbeitswelt sehr viel mit Teamgeist, Zusammenarbeit und Vernetzung zu tun. Wer am besten kommuniziert, hat die Nase vorn. Es wird in Zukunft viel mehr Seminare über die Kunst der Kommunikation geben. Sie können es sich im Kommunikationszeitalter nicht leisten, *nicht* zu kommunizieren.

Wenn Sie sich die Kommunikationskarte VI *Die Liebenden* anschauen – und die Eigenschaften, die die Sechserkarten repräsentieren –, werden Sie die entscheidenden Merkmale von Kommunikation verstehen.

Die Kommunikationskarte VI *Die Liebenden* beinhaltet die folgenden Merkmale:

- Sie symbolisiert den Nachahmungseffekt, der in Beziehungen zwischen Menschen auftritt. Wir neigen nämlich dazu, Merkmale anderer nachzuahmen und zu übernehmen. Wenn Sie Ihrem Wertesystem entsprechend arbeiten und Ihre Mitarbeiter führen und in Ihrem Managementstil hohen Qualitätsansprüchen gerecht werden, werden Ihre Angestellten oder Kollegen Sie nachahmen.

- Die Karte repräsentiert das Gesetz der Synchronizität, demzufolge wir alle durch eine unsichtbare Schwingung auf einer gemeinsamen Energiefrequenz miteinander verbunden sind. Wenn Sie plötzlich an einen Kollegen oder Angestellten denken müssen, würdigen Sie diese Kommunikation, und rufen Sie ihn an, denn wahrscheinlich denkt er gerade an Sie. Aus irgendeinem Grund sollen Sie beide Verbindung aufnehmen. Stellen Sie Kontakt her, wenn Sie die Gegenwart eines anderen Menschen spüren.

- Die Karte zeigt, daß zwischen uns allen eine intuitive Empathie besteht. Tatsächlich sagt Ihnen die Stimme Ihrer Intuition, was ein anderer Mensch gerade denkt oder fühlt. Wir „deuten" andere ständig und werden ständig von anderen „gedeutet". Im Grunde sind wir wandelnde Tarot-Karten. Vertrauen Sie Ihrer Intuition, und kommunizieren Sie entsprechend.

Wie kommuniziert man am Arbeitsplatz auf angemessene Weise? Betrachten Sie die Sechserkarten der Kleinen Arkana des Voyager:

- Die Sechs der Welten, *Synergie,* zeigt, daß Kommunikation energetisiert, vereint und es ermöglicht, gemeinsam mit anderen etwas zu produzieren. Gespräche stärken das Selbstbewußtsein. Finden Sie heraus, welche Eigenschaften andere Menschen haben und wie sie diese in ihrer Arbeit ausdrücken. Unterstützen Sie sie dabei. Auch Sie selbst werden von den Auswirkungen Ihrer eigenen Worte profitieren, und gemeinsam mit anderen werden Sie einen synergetischen Raum kreieren, in dem die positiven Aspekte eines jeden Mitarbeiters verstärkt werden.

- Die Sechs der Kelche, *Trauer,* weist allerdings darauf hin, daß Sie die Schattenseite – Verletzungen, Kummer und Enttäuschungen – nicht übersehen sollten. Erkennen Sie den Schmerz an, dann können alle davon profitieren. Wenn eine Wunde freigelegt wird, kann Heilung geschehen.

Aber es ist von entscheidender Bedeutung – und dies ist eine der Grundregeln des Tarots –, nicht das Leiden eines anderen Menschen auf sich nehmen zu wollen. Zeigen Sie Sympathie, aber identifizieren Sie sich nicht mit dem Leiden.

• Die Sechs der Kristalle, *Verwirrung,* zeigt, daß Stimmen oder Vorschläge von außen kreative Einflüsse sein können, die manchmal zwar beunruhigen und verwirren, aber doch in Betracht gezogen werden sollten. Hören Sie also genau hin, seien Sie offen, strecken und dehnen Sie Ihren Verstand.

 Um effektiv zu kommunizieren und um Verwirrung und Konflikte zu minimieren, müssen sich alle Beteiligten auf derselben Ebene befinden. Es ist außerordentlich wichtig, die Rollenverteilung festzulegen und häufiger nachzufragen, ob man zu viel oder zu wenig von einem anderen erwartet.

• Die Sechs der Stäbe, *Vertrauen,* weist darauf hin, daß ohne Vertrauen gar nichts geht. Vertrauen beruht auf inneren Werten. Wenn Sie immer Ihr Bestes geben, sind Sie vertrauenswürdig. Ihr tatsächlicher Wert liegt darin, daß man Ihnen vertrauen kann.

★ Legesystem: Kommunikation

Ziehen Sie aus den verdeckt liegenden Eigenschaftenkarten der Kleinen Arkana Ihre Kommunikationskarte. Welche Werte und auf welche Weise (durch Worte, Taten, Ausdruck von Gefühlen) könnten Sie noch eindeutiger kommunizieren?

Ziehen Sie dann zwei Karten, von denen eine auf die Stärken und die andere auf die Schwächen Ihrer Kommunikationsfähigkeit hinweist.

Ziehen Sie eine Wahrnehmungskarte, die repräsentiert, wie andere Menschen Sie wahrnehmen.

Kommunikationskarte allgemein _____

Persönliche Deutung _____

_____

_____

Kommunikationskarte Stärken _____

Persönliche Deutung _____

_____

_____

Kommunikationskarte Schwächen _____

Persönliche Deutung _____

_____

_____

Wahrnehmungskarte _____

Persönliche Deutung _____

_____

_____

7
Motivation und Marketing der Zukunft

Die Erfüllungskarten der königlichen Familie

Das letztendliche Ziel des Business ist es, zufriedenzustellen, die Bedürfnisse und Ambitionen sowohl des Herstellers als auch des Verbrauchers zu befriedigen.

Dabei ist *Service* das entscheidende Schlagwort. Die Geschäftswelt existiert, um die Bedürfnisse der Öffentlichkeit zu befriedigen. Wenn wir nun diese Bedürfnisse befriedigen, leben wir gemäß den Prinzipien der Rechtschaffenheit, das heißt, wir machen zwar Profit, verfolgen dabei aber ein höheres Ziel. Wenn Sie also eine Marktlücke gefunden haben, sollten Sie der Öffentlichkeit dienen und die Käufer als Menschen behandeln, nicht als ökonomische Größen.

Sie sollten auch sich selbst, Ihre Angestellten und Mitarbeiter so behandeln wie die Öffentlichkeit. Wenn Sie diese goldene Regel des Business befolgen, werden Sie selbst zu Gold, und Sie werden auch Gold scheffeln. Der Kunde und die Firma – oder der Kunde und Sie – sind ein und dasselbe. Was Sie selbst oder Ihre Angestellten erfüllt und anspricht, wird auch den Kunden erfüllen und ansprechen.

Die Selbstverwirklichung des ganzen Menschen

Je mehr die Lebensqualität im Business zum entscheidenden Faktor wird, desto mehr bedeutet Erfüllung die Befriedigung des ganzen Menschen. Der ganze Mensch möchte alles: geistig angeregt werden, emotional glücklich und körperlich gesund, materiell reich und spirituell erfüllt sein.

 Es gibt den allgemeinen Trend, daß Gesundheit, Glück und Spiritualität, berufliche Autonomie und private Unabhängigkeit immer wichtiger werden. Das alles sind Merkmale des ganzen Menschen. Produkte und Dienstleistungen, die diese Bedürfnisse befriedigen, werden Erfolg haben.

Der ganze Mensch ist eine Mischung aus Kind, Mann / Frau und einem älteren Menschen. Wer beispielsweise bei Senioren Erfolg haben möchte, darf auch das Kind in ihnen, das spielen möchte, nicht ignorieren. Männer fühlen sich mehr und mehr von traditionell für Frauen bestimmten Produkten und Dienstleistungen angezogen, und Frauen interessieren sich für Dinge, die früher Männern vorbehalten waren.

Was für den Kunden gilt, sollte auch auf Ihre eigenen ganzheitlichen Bedürfnisse und die Ihrer Mitarbeiter angewendet werden. Werden diese Bedürfnisse nicht befriedigt, können Sie und Ihre Firma nicht ganz, gesund und erfolgreich sein.

Ein erfolgreicher Unternehmer oder eine erfolgreiche Firma ist nicht nur in finanzieller Hinsicht reich, sondern vor allem in bezug auf die Lebensqualität. Eine erfolgreiche Firma besteht aus gesunden, glücklichen, kreativen, hervorragenden Menschen, die geschätzt und anerkannt werden.

In der Vergangenheit hat die Geschäftswelt nur den finanziellen Zielen, der Karriere und dem Überleben ihrer Mitglieder gedient. Das Business der Zukunft wird aber nur dann florieren, wenn es auch

- die Aus- und Weiterbildung seiner Angestellten fördert
- ihre emotionalen Bedürfnisse und deren Ausdruck berücksichtigt
- im Interesse höchster Produktivität auch der körperlichen Gesundheit und den energetischen Bedürfnissen der Mitarbeiter dient
- das Selbstbewußtsein des Individuums stärkt und so die spirituelle Dimension einer jeden lebenden Organisation erfüllt.

Die „Selbstverwirklichungsfirma"

Ich wurde einmal gebeten, eine Tarot-Sitzung mit dem Managementteam eines Bauunternehmens abzuhalten. Sie baten mich um Hilfe, weil sie herausfinden wollten, wie sie ihren Gewinn erhöhen könnten – ein übliches Thema im Geschäftsleben.

Der Direktor zog aus dem Voyager-Spiel die Neun der Kelche, *Erfüllung*. Skeptisch wurde ich gefragt, was das mit Profiten zu tun habe. Zunächst konnten sie nichts damit anfangen, denn die Karte schien nichts mit besserem Verkaufsklima, Kostenreduzierung, Einsparungen oder Reorganisation zu tun zu haben.

Ich bat die Gruppe, ein Brainstorming mit der Karte als Fokus zu machen. Und siehe da! Sie kamen zu der Überzeugung, daß alle Beteiligten glücklicher und so auch produktiver wären, wenn sie ihre eigenen emotionalen und spirituellen Bedürfnisse und die der Angestellten erfüllen und nicht nur auf die Lohntüte starren würden. Heute ist aus diesem Unternehmen eine Firma geworden, in der der Mensch im Vordergrund steht und die sich bemüht, die ganzheitlichen Bedürfnisse und Ambitionen ihrer Mitarbeiter zu erfüllen – und die Firma hat davon profitiert.

Der Wert des Tarots liegt also darin, daß es neue und häufig überraschende Perspektiven aufzeigt, die zu Denkweisen führen, durch die Probleme gelöst und Chancen genutzt werden können. Da die meisten Tarot-Karten nach innen deuten und auf Ihre Ressourcen, Eigenschaften und Ambitionen hinweisen, erlauben sie es, innere Lösungen für äußere Probleme zu finden, und das unabhängig davon, wie die Frage lautet. Tarot im Business ist von seinem Ansatz her ganzheitlich und dient nicht primär der Profitmaximierung; es stellt den Menschen und nicht das System in den Mittelpunkt.

Selbstverwirklichung am Arbeitsplatz

Motiviert, inspiriert und selbstbewußt
Sie und die „Selbstverwirklichungsfirma des ganzen Menschen" sind selbstbewußt, motiviert und inspiriert, wenn Sie Ihre eigenen Bedürfnisse und Ambitionen und die Ihrer Mitarbeiter erfüllen. Eine Firma, in der es den Angestellten gutgeht, ist eine erfolgreiche Firma.

Die Karten der königlichen Familie
Diese Karten zeigen Ihnen, wie Sie die Bedürfnisse von Verstand, Herz, Körper und Seele sowie Ihre finanziellen Wünsche erfüllen können. Die 16 Karten der königlichen Familie repräsentieren die unterschiedlichen Aspekte des Menschen, die befriedigt werden wollen und nach deren Befriedigung wir ganz natürlich streben.

Sie und Ihre Mitarbeiter sind Könige. Behandeln Sie sich und andere wie Könige, indem Sie sich um diese Bedürfnisse des ganzen Selbst kümmern, und ich verspreche Ihnen, daß Arbeit nicht mehr Mühsal sein, sondern Freude bereiten wird und sich zu einem inspirierten und integrierten Bestandteil des Lebens entwickelt. Der Erfolg kommt dann wie von selbst.

Merrill-West: eine Firma, deren Ziel es ist, die Selbstverwirklichung des ganzen Menschen zu fördern
Julie King, Geschäftsführerin unseres Verlages Merrill-West, und ich bemühen uns, unsere geistigen Ressourcen durch Aus- und Fortbildung sowie durch Innovation und Visualisierung zu entwickeln. Dabei hat sich der Wert von Schulungsstätten und Verbänden des Verlagswesens als unschätzbar erwiesen. Als herzorientierte Organisation fördern wir

---

Kühnheit und emotionalen Ausdruck und bemühen uns darum, einen fröhlichen Arbeitsplatz zu schaffen. Wir bieten Aktivitäten an, durch die wir uns erholen und energetisieren können. Feiern anläßlich besonderer Erfolge und Messeveranstaltungen kreieren ein gutes Gefühl, das uns immer wieder weitermachen läßt.

Wir sind eine erfolgreiche Firma, die sich Ziele setzt und Leistung mit größerer Beteiligung an der Firma, einem höheren Status und mit Geld belohnt. Da wir eine ganzheitliche Firma sind, werden die finanziellen Anreize durch andere Anreize wie den Erwerb neuer Fähigkeiten, Spaß, einen gesunden Lebensstil und persönliche Weiterentwicklung ergänzt. Dieser ganzheitliche Ansatz hat ein zukunftsträchtiges Unternehmen hervorgebracht, das nicht auf schnellen Profit aus ist. Seit elf Jahren machen wir Gewinn und haben Spaß dabei; wir haben gelernt und sind gewachsen.

Wir sind eine enthusiastische und bewußte Firma, und wir sind davon überzeugt, daß Arbeit großartige Möglichkeiten bietet, sich selbst zu entwickeln. Daher fördern wir das persönliche Wachstum, indem wir den Ausdruck der eigenen Persönlichkeit unterstützen und dadurch lebendiger, authentischer und einzigartiger werden. Wir bestärken einander darin, Herausforderungen anzunehmen und sie zu meistern.

Wir fühlen uns dem Prinzip der Rechtschaffenheit verpflichtet und arbeiten in einem erfolgreichen, professionellen Unternehmen, das Raum für Leidenschaft, Spiel und Spiritualität läßt. Der Aufbau eines ganzheitlichen Unternehmens braucht wie die Erziehung eines Kindes Geduld, Opferbereitschaft und Hingabe.

Sie werden feststellen, daß die Familienkarten des Voyager weitaus ausdrucksvoller, vollständiger und anregender sind als die Hofkarten der traditionellen Spiele. Daher geben sie die wichtigsten Anstöße für die Schaffung einer „Selbstverwirklichungsfirma".

Oft besteht keine direkte Beziehung zwischen den Familienkarten des Voyager und den traditionellen Hofkarten. So haben zum Beispiel die Karten der Weisen, die die Älteren, die Senioren, Großmutter und Großvater repräsentieren, im Crowley oder Rider-Waite Tarot keine Entsprechung. Häufig dienen dort aber die Könige und Königinnen als Weise. Ich habe dort Verbindungen hergestellt, wo sie mir angebracht erschienen.

Die 16 Bedürfnisse des ganzen Menschen
Der folgende Teil enthält Deutungen der königlichen Familienkarten unter dem Gesichtspunkt der Selbstverwirklichung des ganzen Menschen.

Die kluge Firma

KRISTALLE / SCHWERTER: Im Dienste des Verstandes.
Diese Karten erweitern das Bewußtsein.

Ausbildung

Voyager: Kind der Kristalle – Lernender

Richten Sie ein ständiges Fortbildungsprogramm ein, in dessen
Rahmen neue Fertigkeiten erlernt werden können.

Crowley: Prinz der Schwerter
Rider-Waite: Bube der Schwerter

Ermutigen Sie freies Denken, neue Denkansätze, Visionen und
neue Wertesysteme.

Innovation

Voyager: Mann der Kristalle – Erfinder

Fördern Sie Forschung, Erforschung, Kreativität, Erfindungs-
geist, Brainstorming, und bitten Sie um Vorschläge seitens Ihrer
Mitarbeiter.

Crowley und Rider-Waite: Ritter der Schwerter

Schauen Sie in die Zukunft.
Erschaffen Sie die Zukunft.
Seien Sie die Zukunft.

Zielsetzung

Voyager: Frau der Kristalle – Wächterin

Halten Sie das Ziel und die Aufgabe der Firma im Auge, damit der Fokus und die Bindung an das gemeinsame Ziel erhalten bleiben.

Bewahren, ehren und respektieren Sie diese gemeinsame Zielsetzung, denn sie ist das Juwel, das Integrität und Erfolg garantiert.

Richten Sie sich einen aufgeräumten, gut organisierten, hellen, sauberen und ruhigen Arbeitsplatz ein, damit Sie klar denken können.

Crowley: Prinzessin der Schwerter

Überdenken, beleben und erneuern Sie Ihre Vision und Ihre Zielsetzungen.

Gestalten Sie sie um, wenn nötig.

Kämpfen Sie gegen das Verwässern Ihrer Ziele und gegen Unklarheit.

Mentorschaft

Voyager: Weiser der Kristalle – Wissender

Richten Sie ein Mentorsystem erfahrener Mitarbeiter ein, um zu beraten und zu helfen.

Crowley: Königin der Schwerter

Nutzen Sie die Dienste eines Beobachters von außen, eines unvoreingenommenen „Zeugen", der Objektivität und Fachwissen einbringt und Perspektiven aufzeigt.

Die herzliche Firma

KELCHE: Im Dienste des Herzens.
Diese Karten dienen den emotionalen Bedürfnissen.

Ausdruck

Voyager: Kind der Kelche – Fühlender
Rider-Waite: Bube der Kelche

Schaffen Sie Kommunikationsmöglichkeiten, um Gefühle auszudrücken und Spannungen zu lösen.

Crowley: Prinz der Kelche

Schaffen Sie eine sichere emotionale Atmosphäre, in der auch
Trauer, Wut, Angst und Aufregung ausgedrückt werden können.

Ermutigung

Voyager: Mann der Kelche – Wellenreiter
Crowley und Rider-Waite: Ritter der Kelche

Stärken Sie Ihr Selbstbewußtsein und das Ihrer Mitarbeiter
durch Mut und Kühnheit.
Motivieren Sie.
Bestärken Sie auf positive Weise.
Planen Sie Gruppenerlebnisse und Spiele.

Vergnügen

**Voyager: Frau der Kelche – Glückselige
Crowley: Prinzessin der Kelche
Rider-Waite: Königin der Kelche**

Verwandeln Sie den Arbeitsplatz in einen Ort der Freude, der Schönheit, des Selbstausdrucks, des Spaßes und der Sinnlichkeit.
Gestalten Sie den Arbeitsplatz offen, fließend, feminin und blühend.
Ermöglichen Sie Kommunikation, Gefühle und Mitgefühl.

Regeneration

**Voyager: Weiser der Kelche – Erneuerer
Crowley: Königin der Kelche
Rider-Waite: König der Kelche**

Nähren und beleben Sie, um Langeweile oder Erschöpfungszuständen vorzubeugen.
Organisieren Sie firmeninterne Seminare und Feiern.
Gewähren Sie großzügige Urlaubzeiten und Ferienjahre.
Besuchen Sie Kongresse und Messen.
Schenken Sie Ihren Emotionen und denen Ihrer Mitarbeiter Ihre Aufmerksamkeit.
Denken Sie daran, daß manchmal weniger (Arbeit) mehr ist.
Zeigen Sie auch die Aspekte Ihrer Persönlichkeit, die nichts mit der Arbeit zu tun haben.

Die erfolgreiche Firma

WELTEN / SCHEIBEN / MÜNZEN: Im Dienste der Gesundheit, Karriere und Ihrer finanziellen Bedürfnisse und Ziele.

Spaß

**Voyager: Kind der Welten – Spielender
Rider-Waite: Bube der Münzen**

Haben Sie Spaß! Wenn eine Arbeit erfolgreich ausgeführt werden soll, muß sie auch spielerische Elemente enthalten. Sie lernen am besten, wenn Sie Spaß dabei haben.
Seien Sie nicht so streng, denn jeder kann dazulernen, niemand ist vollkommen.
Entwickeln Sie eine optimistische Vision von einer glücklichen Zukunft.

Erfolg

**Voyager: Mann der Welten – Sieger
Crowley: Prinz und Prinzessin der Scheiben
Rider-Waite: Ritter der Münzen**

Setzen Sie sich ehrgeizige und realistische Ziele.
Arbeiten Sie mit Partnern und in Teams.
Machen Sie sich den Synergieeffekt zunutze.
Beteiligen Sie Ihre Mitarbeiter am Gewinn.
Verdienen Sie!
Lassen Sie sich durch Rückschläge nicht entmutigen.
Schreiten Sie voran, verbessern und entwickeln Sie sich, schaffen Sie etwas.
Organisieren Sie Betriebssportaktivitäten.

Gemeinschaft

Voyager: Frau der Welten – Bewahrerin
Crowley: Königin der Scheiben
Rider-Waite: Königin der Münzen

Schaffen Sie ein freundliches, familiäres Gemeinschaftsgefühl.
Verhalten Sie sich vornehm und zivilisiert.
Schaffen Sie durch genügend Platz, Licht und Luft, durch Ästhetik, gemeinsames Essen und gemeinsam erarbeitete Terminpläne eine gesunde Arbeitsatmosphäre.
Machen Sie aus Ihrem Büro eine Oase, ein Heim.
Kreieren Sie sich einen Arbeitsplatz, auf den Sie stolz sein können und an dem Sie sich gerne aufhalten.
Bereichern Sie die Gemeinschaft. Verhalten Sie sich sozial.
Seien Sie umweltbewußt.
Sparen Sie Energie.

Belohnung

Voyager: Weiser der Welten – Meister
Crowley: Ritter der Scheiben
Rider-Waite: König der Münzen

Dienen Sie der allgemeinen Gesundheit durch Fitneßprogramme und Streßverminderung.
Sorgen Sie dafür, daß sich niemand überarbeitet.
Belohnen Sie durch finanzielle Zuwendungen.
Erkennen Sie Leistungen an, würdigen Sie sie durch Beförderungen.
Bitten Sie Ihre Mitarbeiter, stärker am Entscheidungsprozeß teilzunehmen.
Bemühen Sie sich um Rechtschaffenheit.

Die spirituelle Firma

STÄBE: Im Dienste spiritueller Bedürfnisse und Ziele.

Wachstum

Voyager: Kind der Stäbe – Suchender
Crowley: Prinz der Stäbe
Rider-Waite: Bube der Stäbe

Betrachten Sie Ihre Arbeit als spirituellen Weg des Wachstums.
Verwandeln Sie Ihre Arbeit in ein Medium der persönlichen Entwicklung und Selbsterkenntnis.
Ermutigen Sie dazu, Reisen und Forschungen zu unternehmen, unterstützen Sie Neugierde und Selbsthilfeprogramme.

Selbstbewußtsein

Voyager: Mann der Stäbe – Schauspieler
Crowley und Rider-Waite: Ritter der Stäbe

Fördern Sie den Wettbewerbsgedanken.
Unterstützen Sie Vielseitigkeit, die Erforschung neuer Rollen und neuer Dimensionen der Persönlichkeit durch unterschiedliche Aufgabenstellungen und Herausforderungen.
Fördern Sie bei anderen den inneren Krieger, ermutigen Sie sie, Ängste und persönliche Blockaden zu überwinden, Risiken einzugehen, ins Unbekannte vorzustoßen.
Spornen Sie an!

Lebendigkeit

Voyager: Frau der Stäbe – Wahrnehmende
Crowley: Prinzessin der Stäbe
Rider-Waite: Königin der Stäbe

Kultivieren und betonen Sie Intuition, sinnliche und außersinnliche Wahrnehmung, Weitsicht und Hellsehen.
Bringen Sie Ihr inneres Wesen zum Ausdruck.
Versetzen Sie Ihr höheres Selbst in einen Zustand kreativer Lebendigkeit.
Fördern Sie Selbstvertrauen und Authentizität, Ehrlichkeit und Wahrheitsliebe Ihrer Mitarbeiter.
Unterstützen Sie persönliche Transformation und Metamorphose.
Betrachten Sie den Wandel und die Gefahr als Verbündete, die Sie inspirieren und mit deren Hilfe Sie Gelegenheiten erkennen und Ihre Fähigkeiten verbessern können.

Individualität

Voyager: Weiser der Stäbe – Sehender
Crowley: Königin der Stäbe
Rider-Waite: König der Stäbe

Erkennen Sie die Einzigartigkeit jedes Menschen an, die Genialität, die in ihm lebt, seine besondere Wahrnehmungsfähigkeit, seine Einsichten, seinen gesunden Menschenverstand, seine Vision und seine Weisheit.
Helfen Sie jedem Mitarbeiter dabei, eine besondere Fertigkeit zu meistern.
Respektieren und würdigen Sie die besonderen Talente und Fähigkeiten eines jeden Menschen.

★ Legesystem: Selbstverwirklichung

Ziehen Sie aus den Karten der königlichen Familie eine, die
repräsentiert, was Sie brauchen, um im Geschäftsleben erfüllt
zu sein und um sich und andere zu nähren.

Karte _____

Einsicht daraus _____

_____

_____

Symbol (Eselsbrücke) _____

Handlung _____

_____

_____

Selbstverwirklichung auf dem ganzheitlichen Markt

Vermarktung und Verkauf
Die Karten der königlichen Familie symbolisieren auch Ihre
Kunden. Behandeln Sie sie wie Könige, mit Respekt und unge-
teilter Aufmerksamkeit. Liefern Sie Qualitätsarbeit.

Der folgende Abschnitt wird Ihnen zeigen, wie Sie die Wünsche
des „Königs Kunde" erfüllen können, und schlägt angemessene
Verkaufsstrategien vor, die ihm zusagen werden.

An den ganzen Menschen verkaufen
Behalten Sie immer im Auge, daß in jedem einzelnen Verbrau-
cher eine ganze Familie existiert. Jeder Mensch trägt etwas von
einem Kind, eine Mischung aus „männlichen" und „weiblichen" Energien und eine ihm innewohnende (Alters-)Weis-
heit in sich. Kluge, erfolgreiche Marketingexperten und Verkäufer wissen das, und – was noch wichtiger ist – sie selbst verkörpern diese Eigenschaften. Dadurch stellen Sie eine gefühls-
mäßige Verbindung zum Kunden her und können so besser mit
ihm kommunizieren und ihm dienen.

**Im Dienste des jugendlichen Marktsegments
und des Kindes in jedem Menschen**

Voyager: Kind
Crowley: Prinz und Prinzessin
Rider-Waite: Bube

Sprechen Sie den Spieltrieb und das kindliche Staunen durch
aufregende und freudebringende Produkte an, die die Sinne
anregen, das Bewußtsein erweitern und dem Käufer eine Möglichkeit bieten, auszubrechen und sich auszudrücken, einzig-

artig und ungewöhnlich, offen und spontan zu sein – und so zu wachsen.

Verkaufsstrategie für das magische Kind:
Seien Sie ein Kind. Haben Sie Spaß, und seien Sie verspielt. Experimentieren Sie, führen Sie Ihr Produkt vor, und bringen Sie den Kunden dazu, es selbst einmal auszuprobieren.

Im Dienste des weiblichen Marktsegments und des Weiblichen in jedem Menschen

---

Voyager: Frau
Crowley und Rider-Waite: Königin

Denken Sie daran, daß es hier nicht um die traditionelle Frauenrolle geht, sondern um die ganzheitliche Frau, die über ein fundiertes Fachwissen verfügt und berufliche Ziele verfolgt, die zugleich feminin und stark, mütterlich und unabhängig, erfolgreich und spirituell sind.

Kreieren Sie ein Dienstleistungsangebot, das Schönheit, Frieden und Freude erzeugt, das sozial nützlich, gesundheits- und umweltbewußt ist, das ein höheres Bewußtsein und das Selbstwertgefühl fördert und dem Leben einen Sinn gibt.

Verkaufsstrategie für die ganzheitliche Frau:
Zeigen Sie Integrität. Behandeln Sie Ihre Kunden gut. Betonen Sie die ganzheitlichen und gesundheitsfördernden Aspekte Ihres Produktes oder Ihrer Dienstleistung. Bemühen Sie sich um den Kunden. Schließen Sie Freundschaften. Kümmern Sie sich auch nach dem Abschluß des Geschäfts um den Kunden.

Im Dienste des männlichen Marktsegments
und der männlichen Energie in jedem Menschen

Voyager: Mann
Crowley: Ritter
Rider-Waite: König und Ritter

Konzentrieren Sie sich auf Produkte und Dienstleistungen, die die Kreativität beflügeln und die nützliche, professionelle Instrumente sind.

Übersehen Sie Aspekte wie Abenteuer oder Erholung nicht.

Sorgen Sie dafür, daß Ihre Produkte und Dienstleistungen energetisieren und den Geist der Herausforderung und des Wettbewerbs stimulieren.

Sprechen Sie den neuen, ganzheitlichen Mann an, der sich farbiger ausdrückt, kindlich verspielt und kreativ und doch stabil und verläßlich ist.

Verkaufsstrategie für den ganzheitlichen Mann:
Gehen Sie Ihren Weg. Seien Sie kreativ. Bemühen Sie sich, Ihre Ziele zu erreichen und der Beste zu sein. Nehmen Sie auch schwierige Herausforderungen an. Verkaufen Sie, und tätigen Sie Geschäftsabschlüsse.

Im Dienste des Senioren-Marktsegments
und des reifen Verbrauchers in jedem Menschen

Voyager: Weiser

Bieten Sie Produkte von hoher Qualität an, die leicht zu handhaben und solide sind, die den Kopf nicht überfordern, die Lebensfreude anregen, den Körper regenerieren, das Bedürfnis des Geistes, Leben und Tod zu verstehen und zu akzeptieren, befriedigen, die für die kommenden Generationen ökologisch vertretbar sind – und das alles zu einem vertretbaren Preis.

Verkaufsstrategie für den älteren Menschen:
Zeigen Sie Mitgefühl und echte Fürsorglichkeit. Haben Sie
Geduld und Verständnis. Seien Sie flexibel. Drängen Sie nicht.
Erklären Sie Funktionen und Anwendungsmöglichkeiten Ihres
Produkts.
Betrachten Sie Verkaufen als einen Akt des Dienens.

Marketing für Körper, Geist und Seele

Bewußtseinserweiterung wird für den Markt ein immer interessanterer Aspekt werden. Der private Sektor und die Familie werden eine stärkere Bildungsfunktion übernehmen. Es wird immer wichtiger werden, das Herz und die Seele anzusprechen, um die Überbetonung des Verstandes auszugleichen. Im materiellen Bereich wird es weiterhin technologische Neuerungen geben, die unsere Lebens- und Überlebensbedürfnisse befriedigen, die unser stärker werdendes Interesse an Spiel, Gesundheit und Heimarbeitsprodukten widerspiegeln und die besonderen Bedürfnisse der älteren Bevölkerungsgruppen berücksichtigen.

Auf diese im Entstehen begriffenen Marktsegmente wird durch die Karten der königlichen Familie oder die „Kundenkarten" hingewiesen, die auf den folgenden Seiten gedeutet werden.

Für den Verstand des Verbrauchers

KRISTALLE / SCHWERTER
Produkte und Dienstleistungen, die den Verstand ansprechen,
werden auf dem Markt bei allen Altersgruppen und bei beiden
Geschlechtern an Popularität gewinnen.

Für den jungen Verstand

Voyager: Kind der Kristalle – Lernender

Bewußtseinserweiterung,
Bildung und Unterhaltung („Edutainment"),
Produkte, die den Reiz des Geheimnisvollen einsetzen, um die
Neugierde zu wecken,
Produkte, die Lernprozesse fördern, indem sie zeigen, wie man
lernt,
Software für Kinder („Kidware").

Crowley: Prinzessin und Prinz der Schwerter
Rider-Waite: Bube und Ritter der Schwerter

Neue Denkweisen, zum Beispiel die multiple Intelligenz des
menschlichen Bewußtseins,
mentale Öffnung durch geistige Abenteuer,
neue Medien, die alte Glaubenssysteme in Frage stellen.

Der Markt des „Edutainment"

Die Menschen suchen nach neuen und unterhaltenden
Möglichkeiten des Lehrens und Lernens. Das zeigt sich auch
in meiner eigenen Arbeit, denn ich bin gebeten worden, das
Voyager-Spiel auf einem der Home-Shopping-Networks als
„Edutainment" anzubieten, das Tarot in ein spielähnliches
Format für Multimedia CD-Rom und CD-i umzuwandeln
und in Europa Vorträge über „Edutainment" zu halten.

Für den Verstand des Verbrauchers

KRISTALLE / SCHWERTER

Für den weiblichen Verstand

Voyager: Frau der Kristalle – Wächterin

Produkte, die den Verstand umfassend entwickeln helfen, die Klarheit, Konzentration, Entspannung und Erholung bieten, Meditation,
Produkte, die beide Gehirnhälften ansprechen, die die Logik der linken Gehirnhälfte mit der Imaginationskraft der rechten verbinden, die instinktives mit intuitivem Wissen, psychologische mit medialen Einsichten verbinden,
Hypnotherapie.

Crowley und Rider-Waite: Königin der Schwerter

Produkte und Methoden, die Einblick in die menschliche Psyche gewähren,
Methoden, die den Verstand schärfen,
Methoden, die verdeutlichen, daß Überzeugungen und Glaubenssätze Produkte der Sozialisation sind, die die individuelle Wirklichkeit kreieren.

Der Markt des „New Age":
Populärwissenschaftliche und intuitive Psychologie
Die außergewöhnliche Beliebtheit des sogenannten „New Age" und seiner spirituellen/psychologischen Glaubenssysteme und Hilfsmittel wie Orakel, Kristalle und Karten ist überwiegend dem Interesse von Frauen zu verdanken und zeugt von dem Bestreben, den Menschen auf eine neue, ganzheitliche Weise zu verstehen.

Für den Verstand des Verbrauchers

KRISTALLE / SCHWERTER

Für den männlichen Verstand

Voyager: Mann der Kristalle – Erfinder

Techno-Spielzeuge und -Methoden, die es jedem Menschen ermöglichen, zu Hause zu arbeiten und seine eigenen Dienstleistungen und Produkte wie Filme, CDs, Bücher oder Designs
herzustellen und sie über die verschiedenen Online-Netzwerke
anzubieten.
Innovation, Innovation, Innovation.

Crowley: Ritter der Schwerter

Praktische, nützliche Bücher, Kurse, Seminare, die zeigen, wie
man den visionären/kreativen und den analytischen/ziel-
orientierten Aspekt des Verstandes einsetzt, um neue Möglichkeiten der Kommunikation zu finden.

Rider-Waite: König der Schwerter

Praktische, realistische Methoden, durch die man neue Wege
findet, erfolgreich, unabhängig und sein eigener Chef zu sein,
und die einem Anerkennung einbringen.

Der elektronische Markt: Das „Lucid Dream Café"
Ein Freund von mir, Robin Chew aus dem Silicon Valley in
Kalifornien, hat seinen Unternehmergeist und seine Netz-
werkfähigkeiten eingesetzt, um ein Online-Café zu gründen,
das erste Geschäft in seinem eigenen elektronischen Ein-
kaufszentrum. Er und unzählige andere erforschen den
neuen „Wilden Westen" der elektronischen Medien und
stecken eifrig ihr Territorium ab.

Für den Verstand des Verbrauchers

KRISTALLE / SCHWERTER

Für den älteren Verstand

Voyager: Weiser der Kristalle – Wissender

Do-it-yourself-Instrumente, die es ermöglichen, das Leben
ohne die Hilfe von Experten zu gestalten,
Beraterfirmen,
Informationsdienste, die schnell und leicht nutzbar sind.

Der Berater-Markt: Newsletter
Der wachsende Markt für Newsletter und ihre elektronische
Entsprechung, die Bulletin Boards, zeugt von dem Bedürfnis, schnell und leicht Informationen zu jedem Thema zu
bekommen.

180

Für das Herz des Verbrauchers

KELCHE

Produkte und Dienstleistungen, die das Herz ansprechen, werden weiterhin an Wichtigkeit gewinnen, da immer mehr offenbar wird, welch große Bedeutung die emotionale Gesundheit und das Ausdrücken von Gefühlen für die Lebensqualität, die allgemeine Gesundheit und die Energie des einzelnen haben. Das trifft besonders auf Männer zu. Phantasien und „frivole Freuden" werden als Möglichkeit anerkannt werden, Gesundheit und Lebensfreude zu erhalten und ein längeres, erfülltes Leben zu führen.

Für das jugendliche Herz

Voyager: Kind der Kelche – Fühlender

Phantasiespiele und -erlebnisse,
Klubs, Ferienlager und Zusammenkünfte, die das Ausleben kindlicher Gefühle fördern.

Crowley: Prinzessin der Kelche
Rider-Waite: Bube der Kelche

Mehr auf Frauen ausgerichtete Unterhaltung in den Medien, Verabredungen und soziale Vernetzung.

Crowley: Prinz der Kelche

Wachstumsrituale, Produkte für Heranwachsende,
Wachstumsbegleitung,
Vermittlungsbüros,
Fort- und Erwachsenenbildung,
Dienstleistungen für Teenager,
Umschulung, Berufswechsel.

Für das Herz des Verbrauchers

KELCHE

Für das weibliche Herz

Voyager: Frau der Kelche – Glückselige

Stellen Sie Produkte und Dienstleistungen in den folgenden Bereichen zur Verfügung:

Schönheit und Schönheit von innen,
natürliche Aromen und Cremes,
Saunas, Solarien und Fitneßzentren,
Gärten und Wintergärten, Häuser und Büros,
natürliche Produkte,
Verschönerung,
Kunst.

Crowley und Rider-Waite: Königin der Kelche

Ehren Sie die Weisheit der Gefühle und des Herzens.
Erkennen Sie, daß Gefühle Quellen der Genialität sind.
Wenn Sie eine Frau sind, übernehmen Sie eine führende Rolle im Geschäftsleben, in Politik oder Kultur.
Schützen, erforschen und hegen Sie die Meere.

Das Tao der Schönheit

Beverly Toney-Walters, eine Freundin und Klientin von mir, früher leitende Angestellte einer großen Kosmetikfirma, ist ein ausgezeichnetes Beispiel für eine selbstbewußte Geschäftsfrau. Sie gründete eine Firma für Frauen, die Seele und Körper durch Produkte und Verfahren für innere und äußere Schönheit ehren wollen. Das Bewußtsein hinter dem Produkt und die Absicht, mit der es benutzt wird, läßt sich nicht von der Qualität des Produktes trennen. Beverly arbeitet häufig mit den Karten, um die Ziele ihres Unternehmens zu bestimmen und Chancen zu erkennen.

Für das Herz des Verbrauchers

KELCHE

Für das männliche Herz

Voyager: Mann der Kelche – Wellenreiter

Produkte und Dienstleistungen, die der Neubelebung der Romantik gerecht werden,
Kreativität durch Freizeitaktivitäten,
Abenteuerreisen in Innen- und Außenwelten.
Kreieren Sie:
   romantische Abenteuer,
   bunte und fließende Kleidung für Männer,
   androgyne Moden und Produkte.

Crowley: Ritter der Kelche

Öko-Krieger,
ehrenamtliche Tätigkeiten im sozialen Bereich,
Mentorschaft.

Für das Herz des Verbrauchers

KELCHE

Für das ältere Herz

Voyager: Weiser der Kelche – Erneuerer

Kreieren Sie Orte, Räume, Methoden und Produkte, die der Erholung dienen:
Nebenbeschäftigungen,
Quell- und Mineralwasser,
Bäder im Whirlpool, Aufenthalte an Seen und am Meer,
Spaziergänge und Wanderungen.

Rider-Waite: König der Kelche

Produkte und Dienstleistungen, die das Bedürfnis des Menschen nach emotionaler Sicherheit und Unabhängigkeit unterstützen.

Für die Gesundheit und die Karriere des Verbrauchers

WELTEN / SCHEIBEN / MÜNZEN

Bieten Sie Dienstleistungen und Produkte für den wachsenden Freizeit-, Erholungs- und Spielesektor an. Schaffen Sie Möglichkeiten im Bereich der Gesundheit, der Selbsthilfe und der Heimarbeit. Entwickeln Sie neue Technologien auf dem Gebiet effizienterer Brennstoffe und Materialien, des Transport- und Kommunikationswesens. Richten Sie Ihr Augenmerk auf tragbare Produkte. Behalten Sie im Auge, daß die Senioren auf dem Markt eine starke Stellung innehaben.

Für die Welt der Jugend

Voyager: Kind der Welten – Spielender

Kreieren Sie:

neue Sportarten,

vereinfachte Sportarten und -ausrüstung für alle – Männer und Frauen, alt und jung,

neue, von Frauen geschaffene Spiele, die weibliche Werte ansprechen, zum Beispiel Kommunikation, Humor und Selbstausdruck,

multidisziplinäre Sportarten.

Rider-Waite: Bube der Münzen

Kreieren Sie eine ganz neue Welt voller magischer Erfindungen und Technologien, die leicht zu handhaben, schnell und interaktiv sind und die Spaß machen.

Für die Gesundheit und die Karriere des Verbrauchers

WELTEN / SCHEIBEN / MÜNZEN

Für die Welt der Frau

Voyager: Frau der Welten – Bewahrerin

Schaffen Sie Gelegenheiten für:
Heimarbeit,
Gemeinschaftszentren,
ganzheitliche, gesundheitsfördernde Produkte,
ökologisch vertretbare Produkte,
Frauen in führenden Rollen im Geschäftsleben,
Dienstleistungen für Frauen, Frauenkooperativen und
-teams.
Kreieren Sie sakrale und soziale Architektur und Designs.
Setzen Sie Feng Shui, die Kunst des Anordnens, ein.

Crowley: Prinzessin der Scheiben

Frauen an der Macht: realistisch und sexy, erfolgreich und feminin, freundlich und bestimmt.

Besondere Gruppen

Das Infinity Dance Theater, das von Spider Duncan aus New York für behinderte Schauspieler gegründet wurde, ist ein ausgezeichnetes Beispiel für Sonderdienstleistungen für Behinderte, dem viele weitere folgen werden. Spider ist ein Tarot-Berater, der Tarot und Astrologie kombiniert.

Für die Gesundheit und die Karriere des Verbrauchers

WELTEN / SCHEIBEN / MÜNZEN

Für die Welt des Mannes

Voyager: Mann der Welten – Sieger

Kreieren oder erschließen Sie:
    den Unternehmergeist,
    neue, expandierende Märkte,
    mobile Teams und Büros,
    Netzwerke,
    neue Energiequellen,
    neue Technologien,
    globale Partnerschaften,
    Öko-Business.

Crowley: Prinz der Scheiben

Setzen Sie sich für den offenen Welthandel ein.
Schaffen Sie neue Transportmittel.

Für die Gesundheit und die Karriere des Verbrauchers

WELTEN / SCHEIBEN / MÜNZEN

Für die Welt der Senioren

Voyager: Weiser der Welten – Meister

Setzen Sie sich für Senioren im Berufsleben ein.
Entwickeln Sie verläßliche, vielseitig verwendbare Werkzeuge und Produkte, die leicht instandzuhalten sind.
Unterstützen Sie Kunst und Kunsthandwerk.

Crowley: Ritter der Scheiben

Entwickeln Sie neuartige Heilmethoden, die Licht, Klang, Ernährung, Ruhe, Natur und Körperübungen beinhalten und auf dem Prinzip der Rechtschaffenheit beruhen.

Crowley: Königin der Scheiben
Rider-Waite: Königin der Münzen

Setzen Sie sich für einen ganzheitlichen Lebensstil ein, der Ernährung, Schönheit, Gesundheit, Umweltbewußtsein, die häusliche Situation und höheres Bewußtsein kombiniert.

Für den Geist des Verbrauchers

STÄBE

Spirituelle Dienstleistungen und Produkte werden durch die wachsende Zahl der Senioren und im Rahmen der allgemeinen spirituellen Renaissance immer mehr an Bedeutung gewinnen.

Für den Geist der Jugend

Voyager: Kind der Stäbe – Suchender

Suchen Sie Erfahrungen, die Ihr Bewußtsein erweitern. Kommunizieren Sie mit Tieren, Pflanzen, Steinen und Sternen. Gründen Sie / gehen Sie auf die Universität des Universums. Erforschen Sie eingeborene Kulturen.

Crowley: Prinz der Stäbe
Rider-Waite: Ritter der Stäbe

Erschließen Sie neue Energiequellen und die Sonnen- und Lichttechnologie.

Rider-Waite: Bube der Stäbe

Bemühen Sie sich um einen spirituellen Idealismus. Entdecken Sie neue Ansätze, die dem Leben einen Sinn geben.

Für den Geist des Verbrauchers

STÄBE

Für den Geist der Frau

Voyager: Frau der Stäbe – Wahrnehmende

Tanzen Sie.
Heiligen Sie Ihre Sexualität.
Seien Sie sich bewußt, daß Frauen Heilerinnen und Verkünderinnen sind.
Kreieren Sie Energetik-Seminare und Sensibilitätstrainings.
Öffnen Sie sich der heilenden Kraft von Musik und Klang, Bewegung und Atem.
Vollziehen Sie Erdrituale.

Crowley: Prinzessin der Stäbe

Ausdruckskunst,
mediales Training.

Die wilde Frau

Die außergewöhnliche Beliebtheit des Buches *Die Wolfsfrau* von Clarissa Estés und die „Wild Woman Workshops", die Elisa Lodge im kalifornischen Carmel veranstaltet, weisen auf die Wiedererweckung des weiblichen Geistes in seiner natürlichen, ungehinderten Form hin. Elisa arbeitet mit dem Tarot, um symbolische und praktische Wege des Wissens und Heilens zu integrieren.

Für den Geist des Verbrauchers

STÄBE

Für den Geist des Mannes

Voyager: Mann der Stäbe – Schauspieler

Integration von westlichem Sport und östlichen Kampf-
künsten,
Theater,
mythisches und heroisches Handeln,
Freiheit.

Crowley: Ritter der Stäbe

Setzen Sie Ihre Energie ein, um gegen soziale und ökologische
Ungerechtigkeiten vorzugehen.
Beleben Sie den männlichen Unternehmergeist, und ergreifen
Sie die Initiative.

Der wilde Mann

Die Popularität der Männergruppen von Robert Bly und
anderen und die „Wild Man Outings", in denen der
Archetypus des „grünen Mannes" ausgelebt werden kann,
illustrieren das Bedürfnis der Männer, ihre natürlichen,
orgiastischen Triebe zu leben.

Für den Geist des Verbrauchers

STÄBE

Der Geist der Älteren

Voyager: Weiser der Stäbe – Sehender

Entwickeln Sie Technologien für Körper und Geist.
Entwickeln Sie ganzheitliche Heilmethoden und neue Ausdrucksformen der Spiritualität, die multikulturell, traditionell und zugleich modern sind.
Entwickeln Sie Methoden, sich mit Tod und Sterben zu befassen.
Praktizieren Sie sanfte Energieübungen wie Tai Chi oder Yoga.
Bewahren Sie mündliche Überlieferungen, und fördern Sie die Kunst des Erzählens.

Crowley: Königin der Stäbe

Frauen mit Einfluß in den Medien,
ältere Frauen als Hüterinnen und Vermittlerinnen sozialer Verantwortung.

Rider-Waite: Königin der Stäbe

Setzen Sie sich für Tiere und die Natur ein.

Rider-Waite: König der Stäbe

Schaffen Sie neue Formen eines aufgeklärten Führungsstils.
Gründen Sie einen Ältestenrat.
Suchen Sie die Nähe zu älteren Menschen, die politische Macht, Weisheit und eine Vision besitzen.

★ Legesystem: Marketing

Ziehen Sie aus den Karten der königlichen Familie eine, die ein Marktsegment repräsentiert, auf das Sie Ihre Aufmerksamkeit richten sollten.

Marketingkarte _____

Persönliche Deutung _____

_____

_____

_____

_____

_____

_____

_____

_____

_____

_____

194

★ Legesystem: Verkauf

Ziehen Sie aus den Karten der königlichen Familie eine, die einen Aspekt Ihrer Persönlichkeit repräsentiert, den Sie entwickeln sollten, um den Umsatz zu steigern.

Verkaufskarte _____

Persönliche Deutung _____

_____

_____

_____

_____

_____

_____

_____

_____

_____

_____

_____

_____

8
Schwierigkeiten sind Möglichkeiten

Die Karten der Herausforderung

Im Spiel gibt es eine besondere Gruppe von Karten, die die Schwierigkeiten und Herausforderungen repräsentieren, denen jedes Unternehmen begegnet. Der Wert des Tarots besteht in diesem Fall darin, daß diese sogenannten „negativen" oder „Rückschlagskarten" immer wieder auftauchen, so daß Sie sie nicht ignorieren können – ebenso, wie Sie auch im Berufsleben Rückschläge nicht einfach übersehen können. Eine Firma, die lernt, Negatives in Positives, Rückschläge in Möglichkeiten umzuwandeln, wird Erfolg haben. Das Tarot zeigt Ihnen, wie dies zu erreichen ist. Und da es Ihnen die Karten erlauben, sich mit der Möglichkeit von Rückschlägen auseinanderzusetzen, können Sie deren tatsächliches Eintreffen verhindern.

Die Zukunft wird dergestalt sein, daß Sie nicht warten, bis Sie gezwungen sind, etwas zu verändern, sondern die Herausforderung, die in einem Problem liegt, annehmen und sie aktiv in etwas umwandeln, das zu Ihrem Wachstum beiträgt. Unser „Mist" oder „Abfall" ist der Dünger des Wachstums. Bedenken Sie, daß der Lotos aus dem Schlamm wächst. Unternehmen, die Hindernisse und Probleme schätzen und für ihre Zwecke einsetzen, werden die erfolgreichen Unternehmen der Zukunft sein, denn sie kreieren ihre eigene Zukunft. Lernen Sie also zu kompostieren!

Dieses Prinzip trifft natürlich auch auf die Crowley- und Rider-Waite-Spiele zu, aber da das Voyager weniger deterministisch ist als das traditionelle Tarot, habe ich es hier beispielhaft ausgewählt, um das positive Potential der negativen Karten zu erläutern.

Fünf der Kristalle – Negativität

Wenn Sie der Negativität begegnen, gehen Sie auf positive Weise mit ihr um, indem Sie das Wort „nein" im positiven Sinne gebrauchen. Drehen Sie es um. Sagen Sie einfach „nein" zu allen negativen, pessimistischen, schwarzen Gedanken. Das „Nein" kann Sie beschützen. Sagen Sie auch zu bestimmten Gelegenheiten nein. Erkennen Sie Ihre Grenzen und Ihre Werte. Ein „Nein" am richtigen Ort kann Ihnen helfen, sich auf das Wesentliche zu konzentrieren.

Sechs der Kristalle: Verwirrung

Wenn Sie der Verwirrung begegnen, sollten Sie nicht gleich in Panik geraten und Zuflucht bei althergebrachten Weisheiten und Autoritäten suchen, sondern Sie können sie einfach als kreatives Chaos betrachten. Und aus Verwirrung entsteht Erkenntnis. Aha! Machen Sie Mehrdeutigkeit und Ungewißheit zu einem Aktivposten. Es wird immer Ungewißheiten und Unsicherheiten geben, also lernen Sie besser, damit umzugehen.

Sieben der Kristalle: Stumpfheit

Manchmal hat man das Gefühl, einfach nicht voranzukommen. Es fehlt einem an Klarheit und Kraft; Lösungen lassen auf sich warten. Akzeptieren Sie diesen Zustand, seien Sie ruhig einmal abgestumpft. Lassen Sie die Dinge zur Ruhe kommen, ruhen Sie Kopf und Körper aus, und Sie werden stärker sein als vorher. Weniger kann mehr sein. Zu viel zu arbeiten, zu viel zu versuchen, zu viel erreichen zu wollen, kann langfristig das Gegenteil bewirken. Denken Sie in längeren Zeiträumen, setzen Sie sich realistische Termine. Stehen Sie wieder einmal vor einer Wand? Lehnen Sie sich dagegen, sparen Sie Kraft, und atmen Sie erst einmal tief durch.

Neun der Kristalle: Einengung

Häufig steckt man wegen mangelndem Kapital, fehlenden Materialien oder zu knapp berechneten Terminen in der Klemme, regt sich auf und kann nicht klar denken. Statt „dicht" zu machen und in Panik zu geraten, ist dies der Zeitpunkt, um sich zu konzentrieren. Nutzen Sie Einschränkungen, um sich über Ihre Prioritäten und Ihren Weg klarzuwerden. Dies ist die Chance, alles Überflüssige über Bord zu werfen und abzuspecken, mobil und effizient, in einem Wort – ökonomischer zu werden.

Zehn der Kristalle: Selbsttäuschung

Oft machen wir uns etwas vor. Wir haben nicht immer recht. Und dann verlieren wir das Selbstvertrauen. Wir verschließen uns, ziehen uns zurück und haben Angst weiterzumachen, so wie es ein Geschäftsmensch tun sollte.

Malen Sie sich Ihre Pläne noch einmal aus, schauen Sie noch einmal genau hin, träumen Sie noch einmal, dann wird Ihre ursprüngliche Vision doch noch wahr werden – nur vielleicht in anderer Form. Wenn alle anderen sagen, es sei unmöglich, dann ist es an der Zeit, Ihre Vision zu bekräftigen und sich ihr ganz zu widmen. Visionen und Träume werden tatsächlich wahr, wenn wir nur den Glauben an sie nicht verlieren. Lassen Sie sich nicht davon in die Irre führen, was unmöglich oder falsch zu sein scheint. Das ist nur vorübergehend so. Machen Sie weiter.

Vier der Kelche: Wut

Jeder von uns ist manchmal frustriert oder wütend. Statt die Wut aber an sich selbst oder anderen auszulassen, sollten Sie sie als Treibstoff einsetzen. Kanalisieren Sie diese Energie für einen produktiven Zweck, sie ist eine Ihrer größten Ressourcen. Seien Sie dankbar, daß Sie sie besitzen, denn Wut kann Sie wirklich voranbringen.

Fünf der Kelche: Enttäuschung

Jeder von uns wird im Berufsleben enttäuscht. Also, was soll's? Es geht doch nur darum, diese Tatsache zu akzeptieren, sie einsinken zu lassen und ein Verständnis ihres tieferen Sinns zu gewinnen. Statt also deprimiert zu sein, sollten Sie lieber nach der verborgenen Botschaft suchen. Lassen Sie Ihr Ego und sein Verhaftetsein an bestimmte Erwartungen los, und Sie werden das Wirken einer höheren Macht erkennen, die Sie auf eine fortgeschrittene Stufe des Erfolgs führen wird.

Sechs der Kelche: Trauer

Wenn etwas schiefgeht, fangen viele von uns an zu jammern oder zu weinen. Jammern und weinen sind läuternde Akte, die uns neue Energie, Zielstrebigkeit und Klarheit schenken können. Trauer hat mit Loslassen zu tun. Lassen Sie die Dinge sterben – sie werden in anderer Form wiedergeboren werden. Auf den Tod folgt immer das Leben. Je schneller Sie loslassen und sich dadurch verändern, desto schneller können Sie Ihre Ziele erreichen. Deshalb sollten Sie Ihren Schmerz und Ihre Trauer wirklich fühlen und ausdrücken. Das wirkt heilend und wird Sie gesünder machen.

Sieben der Kelche: Angst

Angst ist ein Teil des Lebens und ganz sicher Teil des Berufslebens. Wir fürchten uns vor dem Unbekannten und Ungewissen, das in der Geschäftswelt immer vorhanden ist. Aber wo Angst ist, da sind auch Möglichkeiten. Hören Sie auf Ihre Angst, und Sie werden Ihr Glück machen. Der furchtlose und unerschrockene Entdecker/Unternehmer wird ein Vermögen machen. Wenn die Angst auftaucht, seien Sie mutig. Wahrscheinlich sind Sie etwas Vielversprechendem auf der Spur. Also los! Seien Sie ein Krieger und kein Angsthase.

Acht der Kelche: Stillstand

Selbst die Besten unter uns kennen Momente der Stagnation und das Gefühl, nicht voranzukommen, nicht mehr weiter zu wissen, fix und fertig zu sein. Alles wird einem zuviel; es findet keine Entwicklung mehr statt – Stillstand. Da kann man nichts weiter tun, als gute Miene zum bösen Spiel zu machen und abzuwarten. Lassen Sie die Dinge reifen und sich entwickeln, irgend etwas braut sich sicher zusammen – und alles geschieht in seinem eigenen Rhythmus. Wie auch ein Gärtner darauf vertraut, daß seine Pflanzen wachsen und gedeihen, so sollten auch Sie vertrauen. Eine höhere Intelligenz ist im Spiel, also lassen Sie die Dinge wie sie sind. Und plötzlich, eines Tages, geschieht etwas: der langersehnte Erfolg stellt sich ein.

Fünf der Welten: Rückschlag

Wer kann von sich behaupten, daß er noch keine Rückschläge erlebt hat? Das ist einfach Teil eines jeden Prozesses und in Wahrheit notwendig für den Fortschritt. Es gibt keine Vorwärtsbewegung ohne eine Reaktion – das liegt einfach im Wesen des Lebens selbst begründet. Es ist eine physikalische Tatsache. Passen Sie sich also dem Fluß an, und gehen Sie einen Schritt zurück, wenn es notwendig ist. Aus dieser Perspektive werden Sie auch Ihre Möglichkeiten besser sehen können. Machen Sie es wie im Aikido, bedienen Sie sich eines kleinen Tricks: Gehen Sie einen Schritt zurück, um zwei nach vorne zu machen. Wer sich gegen Rückschläge wehrt, wird auf den Bauch fallen. Das ist nun einmal so.

Fünf der Stäbe: Unterdrückung

Jeder von uns fühlt sich manchmal unterdrückt und irgendwie behindert – wie in der Zwickmühle. Die Chance liegt darin, zu erkennen, in welcher Weise man sich selbst unterdrückt, denn es sind ja meistens keine unveränderlichen äußeren Umstände, unter denen man leidet. Man selbst hat diese Umstände akzeptiert oder vielleicht sogar herbeigeführt. Mit einer anderen Einstellung, einer anderen Sichtweise, indem man einfach umdenkt, kann man sich aus diesem selbstgebauten Gefängnis befreien. So erlösen Sie den Geist in der Flasche, der in Ihnen lebt und der Ihr Schutzengel ist, und Sie werden frei und fähig, Ihr Glück zu machen. Unterdrückung kann der beste Lehrer und Mentor sein, der einem zeigt, worum es wirklich geht. Sie ist dafür da, um Sie zum Handeln zu bewegen, Sie anzuregen, den notwendigen Unternehmergeist zu entwickeln, und das wird Ihnen schließlich den langersehnten Erfolg bescheren.

Wenn Rückschläge Chancen sind

Meinen größten geschäftlichen Durchbruch hatte ich, als ich meinen größten Rückschlag erlebte, als ich enttäuscht, wütend, traurig und ängstlich war. Nachdem ich die Voyager-Karten kreiert hatte, stellte ich sie mehreren Verlagen in New York vor. Sie wurden von allen abgelehnt. Statt mich dem Dämon des Versagens zu beugen, wurde dies für mich zur Herausforderung. Ich war wie wachgerüttelt, war motiviert und entschlossen, Erfolg zu haben. *Der Turm* (XVI) aktivierte den Krieger und den Visionär in mir, die um das Potential und die Möglichkeiten dieses Spieles wußten. Ich zeigte anderen das Spiel, und eines Tages lief mir ein Engel über den Weg: ein Mensch, der Geld anlegen wollte. Das war der Anfang eines Selbstverlags, der später zu Merrill-West wurde, der mir zum Teil gehört. So habe ich die Kontrolle über das Voyager Tarot, und das ist das Beste, was mir je hätte passieren können.

★ Legesystem:
Schwierigkeiten in Möglichkeiten verwandeln

Ziehen Sie aus den Karten der Herausforderung eine, die ein Problem oder einen Rückschlag repräsentiert, den Sie in eine Möglichkeit umwandeln können.

Karte der Herausforderung _____

Persönliche Deutung _____

_____

_____

Ruft diese Karte eine weitere Frage in Ihnen hervor? Führen Sie den Frage-und-Antwort-Prozeß fort, bis Sie das Gefühl haben, ihn abgeschlossen zu haben.

Frage _____

Name der Karte _____

Persönliche Deutung _____

_____

_____

Frage _____

Name der Karte _____

Persönliche Deutung _____

_____

_____

Frage _____

Name der Karte _____

Persönliche Deutung _____

_____

_____

9
Intuitiv planen und entscheiden

Ein Blick in die Zukunft

Das Tarot ist ein nützliches Instrument, mit dessen Hilfe Sie die gegenwärtige Situation einschätzen und Strategien entwickeln können. Manchmal sind die Schlüsselfragen, die Prinzipien und Bestandteile des Erfolgs schon in der Struktur des Spiels enthalten. Nachfolgend sind mehrere Legesysteme aufgeführt, die zeigen, wie Sie die Karten einsetzen können. Sie sind Mittel der Selbstfindung, Fokus oder Drehbuch; sie dienen der Kontrolle und der Bestandsaufnahme.

- Die Tageskarte – der tägliche Fokus

- Die Erfolgsleiter – 14 notwendige Schritte

- Das Glücksrad – Bestandsaufnahme für Wandel und Erneuerung

- Die Reise des Helden – Drehbuch zur Verwirklichung Ihrer Ziele

- Der Entscheidungsträger – effektiv entscheiden lernen

Alternativen
Wenn Sie sich in einer Situation befinden, die Ihnen viele verschiedene Möglichkeiten bietet, ziehen Sie für jede Alternative eine Karte. Sie können dann für jede Alternative den auf den vorhergehenden Seiten beschriebenen Entscheidungsprozeß durchführen. Sie können aber auch eine Karte für mehrere Alternativen ziehen, um herauszufinden, ob sich diese miteinander vereinbaren lassen.

Sie können auch Ihre eigenen Diagramme, Systeme oder Methoden entwickeln, um die Karten zu deuten. Was ist beispielsweise bei Verhandlungen wichtig? Schreiben Sie die einzelnen Aspekte auf, erstellen Sie ein Diagramm, und ziehen Sie dann Karten. Diese Methode ist von unschätzbarem Wert, wenn es darum geht, Problembereiche schon im Vorfeld zu erkennen und sich auf das Wesentliche zu konzentrieren. Eine graphische Darstellung hilft Ihnen, die betreffenden Bereiche im Auge zu behalten und sich an die gewonnenen Einsichten zu erinnern.

★ Legesystem: Die Tageskarte – der tägliche Fokus

Ziehen Sie jeden Tag eine Karte aus dem verdeckt liegenden Spiel. Konzentrieren Sie sich in Ihrer Arbeit auf die Botschaft der jeweiligen Karte. Die Wirkung dieser Übung entfaltet sich erst durch die Wiederholung. Wenn Sie jeden Tag eine Karte ziehen, werden Sie stärker und effizienter werden, wovon Ihre Karriere profitieren wird. Diese tägliche Übung wird auch Ihre Intuition stärken – und Ihr Vertrauen in Ihre Intuition –, da Sie die Karten mit ihrer Hilfe deuten. Sie werden Ihre Situation aus einer neuen Perspektive betrachten können. Und wahrscheinlich werden Sie den Status quo in Frage stellen und alte Glaubenssysteme, die Ihrem Wachstum nicht mehr förderlich sind, über Bord werfen. Die Arbeit mit dem Tarot wird Ihr inneres Wissen bekräftigen, Ihre Ahnungen bestärken und Ihre Genialität fördern. Außerdem ist die Arbeit mit dem Tarot ein Weg zur Stärkung des Selbstbewußtseins.

Wenn Sie jeden Tag einen kurzen Augenblick damit verbringen, herauszufinden, wie Sie Ihre wertvolle Zeit und Energie am besten einsetzen, ist dieser Augenblick gut investiert. Ihre Arbeit wird dadurch zielgerichteter sein, außerdem gelangen Sie so zu wertvollen Einsichten und werden weiser. Wenn Sie dann Ihren inneren Reichtum mit Mitarbeitern und Kollegen teilen, wird davon wiederum das Geschäft profitieren. Synergie funktioniert tatsächlich!

Schritt 1: Deuten Sie Ihre Tageskarte

Schauen Sie sich die gezogene Karte an. Welche Einsichten gewinnen Sie daraus? Geben Sie der Karte immer einen Sinn. Setzen Sie die Karten ein, um Ihr Selbstbewußtsein zu stärken, aber lassen Sie sich niemals von ihnen beherrschen.

- Wenn die gezogene Karte eine Persönlichkeitskarte ist, setzen Sie Ihre innere Kraft ein, um produktiver zu werden.
- Wenn die gezogene Karte eine Eigenschaftenkarte ist, lassen Sie sich von dem Prinzip leiten, das sie verkörpert.
- Wenn die gezogene Karte eine Erfüllungskarte ist, richten Sie Ihren Fokus darauf, sich selbst zu verwirklichen, anderen Menschen in der Firma bei deren Selbstverwirklichung zu helfen, und Ihre Kunden oder Klienten auf die Weise zufriedenzustellen, die Ihnen die Karte zeigt.

Schritt 2: Entscheiden Sie sich für eine machbare Handlung

Visualisieren Sie, wie Sie die Botschaft der Karte umsetzen und ausführen. Entscheiden Sie sich für eine Handlung, die Sie noch heute ausführen können. Und dann tun Sie's!

Schritt 3: Entscheiden Sie sich für ein Symbol (Eselsbrücke)

Wählen Sie aus der Karte ein Bild aus, das die Einsicht repräsentiert, die Sie für Ihre Arbeit gewonnen haben. Sie können
die Karte irgendwo gut sichtbar plazieren, um sich immer wieder zu erinnern und zu motivieren.

Schritt 4: Führen Sie ein tägliches Protokoll

Im Anhang dieses Buches finden Sie Tageskartenprotokolle
(eines für jedes Tarot), in die Sie Ihre Tageskarten eintragen
können. Im Laufe der Zeit werden Sie dann erkennen können,
auf welche persönlichen und beruflichen Aspekte Sie sich konzentriert und welche Sie vernachlässigt haben. Es kann sehr
aufschlußreich sein, herauszufinden, warum bestimmte Karten
nie auftauchen. Entweder sind dies Bereiche, in denen Sie einfach begabt sind und mit denen Sie sich nicht weiter zu befassen brauchen, oder diese Bereiche sind Ihnen so unangenehm,
daß Sie sich nicht mit ihnen befassen wollen.

★ Legesystem:
Die Erfolgsleiter – 14 notwendige Schritte

Die 14 Karten der Welten/Scheiben/Münzen (As bis Zehn und die vier Karten der königlichen Familie) zeigen Ihnen, was für den beruflichen Erfolg wichtig ist und was Sie tun müssen, um erfolgreich zu sein.

Sie können das gesamte Spiel verwenden oder nur die Farbserie der Welten/Scheiben/Münzen (oder überhaupt keine Karten), um die notwendigen Aspekte des beruflichen Erfolgs zu überprüfen.

☑ Wenn Sie Karten aus dem gesamten Spiel ziehen, müssen Sie die Karten der Großen Arkana nicht unbedingt als Persönlichkeitsressourcen deuten und die Karten der Kleinen Arkana nicht unbedingt als Führungsqualitäten. Sie können Sie in diesem Fall deuten, wie Sie wollen. Behalten Sie immer im Auge, daß Ihnen Ihre intuitive Reaktion wahrscheinlich am ehesten weiterhelfen wird.

Sie können zu diesen Themenbereichen alle Arten von Fragen stellen: Vergangenheit, Gegenwart, Zukunft ... was, wie, warum, wer, wann, wo ... kann, soll, wird.

As der Welten (Erfolg)

Bisherige Erfolge _____

_____

_____

Organisationsstruktur _____

_____

Zwei der Welten (Betrachtung)

Inspiration _____

_____

Vision _____

_____

Ziel _____

Plan _____

_____

Drei der Welten (Nähren)

Aufrechterhaltung _____

_____

Wachstum _____

_____

Vier der Welten (Neubeginn)

Initiative _____

_____

Fünf der Welten (Rückschlag)

Problemlösung _____

_____

Sechs der Welten (Synergie)

Ressourcen _____

_____

Teamgeist _____

_____

Sieben der Welten (Durchbruch)

Innovation _____

_____

Acht der Welten (Veränderung)

Veränderungen _____

_____

Neun der Welten (Ernte)

Produktivität _____

_____

Verkauf _____

_____

Zehn der Welten (Belohnung)

Gewinn _____

_____

Belohnung _____

_____

Kind der Welten (Spielender)

Spaß _____

_____

Mann der Welten (Sieger)

Führungsqualitäten _____

_____

Frau der Welten (Bewahrerin)

Qualität _____

_____

Moral _____

_____

Weiser der Welten (Meister)

Fachkenntnis _____

_____

Integrität _____

_____

★ Legesystem:
Das Glücksrad – Bestandsaufnahme für Wandel und Erneuerung

Das Glück im Geschäftsleben wandelt sich ständig – wie ein sich drehendes Rad. Nur die, die sich dem Rad der ständigen Erneuerung nicht widersetzen, bleiben an der Spitze.

Die folgende Übung dient dazu, herauszufinden, ob Sie Ihre Karriere den verschiedenen Aspekten des Wandels erfolgreich angepaßt haben. Die Bestandsaufnahme basiert auf dem Wertesystem des Qualitätsmanagements (siehe Kapitel 6) und auf der Struktur unseres Zahlensystems, das einen Zyklus von 1 bis 9 durchläuft. Sobald wir ein Ziel erreicht haben und die Früchte unserer Arbeit ernten, beginnt der Zyklus bei 10 von neuem. (Wenn Sie die einzelnen Ziffern der 10 (1 plus 0) zusammenzählen, erhalten Sie wieder 1.)

 Wenn Sie Ihre Firma oder Ihre Karriere erfolgreich in eine neue Richtung lenken wollen, überprüfen Sie die folgenden Aspekte einer positiven Veränderung – mit oder ohne Hilfe der Karten.

As: Gegenwärtiges Leistungsniveau _____

_____

Zwei: Überprüfung der Vergangenheit _____

_____

Drei: Kreativität _____

_____

Vier: Grundlagen _____

_____

Fünf: Veränderungen _____

_____

Sechs: Vereinbarungen / Verpflichtungen _____

_____

Sieben: Zielsetzung _____

_____

Acht: Stabilität _____

_____

Neun: Vollendung _____

_____

Zehn: Nächster anvisierter Erfolg _____

_____

★ Legesystem:
Die Reise des Helden – Drehbuch zur
Verwirklichung Ihrer Ziele

Unternehmer sind Helden. Sie sind einfallsreiche Strategen und siegreiche Krieger, die bereit sind, Risiken einzugehen.

Das Folgende ist ein Drehbuch, mit dessen Hilfe Sie Ihre heldenhafte Reise auf der Suche nach dem Heiligen Gral Ihrer Karriere protokollieren können.

Jeder Held hat ein Ziel und befindet sich auf der Suche. Schreiben Sie zunächst – ohne eine Karte zu ziehen – auf, was Ihr Ziel ist.

_____

_____

_____

Um zu wissen, wohin Sie gehen wollen, müssen Sie zuerst wissen, wo Sie sich gegenwärtig befinden. Ziehen Sie eine Karte, die Ihre heutige Situation repräsentiert.

Meine gegenwärtige Situation _____

_____

Ziehen Sie nun eine Karte, die repräsentiert, welchen Weg Sie einschlagen müssen, um dieses Ziel zu erreichen.

Mein Weg _____

Jeder Held begegnet einer Herausforderung. Ziehen Sie deshalb eine Karte, die Ihre Prüfung, Ihren Dämon, Ihr Hindernis repräsentiert.

Meine Herausforderung _____

Helden sind stark genug, um die Herausforderung anzunehmen, zu bewältigen und dabei noch stärker zu werden. Ziehen Sie eine Karte, die Ihren Verbündeten repräsentiert, die Kraft und die Fähigkeiten, die Sie besitzen, um dieser Herausforderung zu begegnen.

Mein Verbündeter _____

Helden sind deshalb Helden, weil sie ihre Ziele verwirklichen und ihre Suche zum Abschluß bringen. Ziehen Sie daher zum Schluß eine Karte, die repräsentiert, mit welchem Ergebnis Sie rechnen können, wenn Sie diesen Weg einschlagen, diese Herausforderung annehmen und die Hilfe Ihres Verbündeten in Anspruch nehmen.

Das Ergebnis _____

Gehen Sie kreativ und intuitiv mit diesem Legesystem um. Sie können zum Beispiel für jeden Schritt auf der Reise des Helden mehrere Karten ziehen. Wenn eine Karte eine weitere Frage in Ihnen hervorruft, ziehen Sie noch eine Karte, die diese Frage beantwortet. Führen Sie diesen Frage-und-Antwort-Prozeß fort, bis Sie alle wichtigen Botschaften, die Ihnen Ihre Intuition übermitteln möchte, erhalten haben.

★ Legesystem:
Der Entscheidungsträger – effektiv entscheiden lernen

Dieses Legesystem stellt eine ganzheitliche Methode dar, mit deren Hilfe Sie jede Entscheidung, die Sie getroffen haben oder treffen möchten, überprüfen können. Damit eine Entscheidung hundertprozentig effektiv ist, muß sie alle für Sie wichtigen inneren und äußeren Kriterien erfüllen. Wenn Sie feststellen, daß diese Bedingungen nicht erfüllt sind, sollten Sie Ihre Entscheidung überdenken oder bewußt Kompromisse eingehen.

> **„Obsession" und Tarot**
> Denise DeBaun, Inhaberin von DeBaun, Inc., einer New Yorker Parfümfirma, setzt die Karten in Ihrem Business häufig ein, zum Beispiel als sie die Parfüms „Obsession" von Calvin Klein und „Tatiana" von Diane von Fürstenberg erfolgreich auf dem Markt lancierte. Sie bedient sich einer freien Form dieses Legesystems, um in etwas „hineinzuspüren", worauf sie großen Wert legt.

Wenn Sie die Karten befragen, kann es sein, daß Sie ein eindeutiges „Ja" oder „Nein" als Antwort erhalten, aber das muß nicht so sein. Was wirklich von unschätzbarem Wert ist, ist der *Prozeß* des Überprüfens. Häufig liegt die wahre Antwort in Ihrer Reaktion auf die Karten und nicht in deren scheinbar offensichtlicher Bedeutung.

Ziehen Sie aus dem verdeckt liegenden Spiel für jede getroffene Entscheidung eine Karte, die repräsentiert, wie sich Ihre Wahl auf Ihren Verstand, Ihr Herz, Ihre Gesundheit, Ihre Seele und Ihre Karriere auswirkt. Sie können aber auch das gesamte Spiel in die vier Farbserien unterteilen, um ganz spezifische Antworten zu bekommen. Um zum Beispiel herauszufinden, wie sich eine Entscheidung auf Ihren Geisteszustand auswirkt, verwenden Sie nur die 14 Karten der Kristalle/Schwerter.

Die Entscheidung _____

_____

Auswirkung auf Ihre geistige Verfassung _____

Auswirkung auf das geistige Klima in Ihrer Firma _____

Persönliche Deutung _____

_____

Auswirkung auf Ihre emotionale Verfassung _____

Auswirkung auf das emotionale Klima in Ihrer Firma _____

Persönliche Deutung _____

_____

Auswirkung auf Ihre körperliche Verfassung _____

Auswirkung auf den materiellen Aspekt Ihrer Firma _____

Persönliche Deutung _____

_____

Auswirkung auf Ihre seelische Verfassung _____

Auswirkung auf das spirituelle Klima in Ihrer Firma _____

Persönliche Deutung _____

_____

Auswirkung auf Ihre gesamte Verfassung _____

Auswirkung auf den Allgemeinzustand Ihrer Firma _____

Persönliche Deutung _____

_____

10
Spielerische Teamarbeit

In Zukunft Spaß bei der Arbeit

Sie können die in diesem Buch beschriebenen Übungen und Methoden entweder allein oder gemeinsam mit anderen ausprobieren. Aber mit Ihren Partnern oder Kollegen werden Sie wahrscheinlich mehr Spaß haben als allein. Wenn wir zusammen spielen, bleiben wir auch zusammen. Und wenn wir etwas gemeinsam tun, das auch noch eine solche Bedeutung hat, schafft das eine dauerhafte, synergetische Verbindung.

Denken Sie daran zu spielen. Dies ist „Edutainment", ein Kartenspiel, das bilden *und* unterhalten soll. Im Spiel offenbart sich unsere Genialität, unser Selbst. Einstein sagte einmal, er könne sich keinen besseren Weg denken, ein Projekt zu beginnen, als mit einem Spiel. Indem wir in einer Gruppe mit Ideen spielen, finden wir den Weg. Spielen ist der Weg.

Spielen ist kreativ. Wenn Sie mit dem Instrument und Spielzeug „Tarot" spielen, werden Sie neue Spiele und Methoden kreieren. So lernen Sie „mitzuschaffen", co-kreativ zu sein. Und das ist der wichtigste Faktor, der im Business wie im Leben zum Erfolg beiträgt.

Dieses zielgerichtete Spielen ist Teil der Kunst der Kommunikation, denn wir drücken uns hier auf eine Weise aus, die am Arbeitsplatz normalerweise selten zu finden ist. Durch Kommunikation werden wir Teil einer Gemeinschaft. Wenn wir mit anderen eine Einheit bilden und im Einklang sind, haben wir Macht und Erfolg.

Teams, die durch gemeinsames Spielen geformt werden, gewinnen. Viel Spaß!

★ Legesystem: Wer bin ich?

Eines der besten Gruppenspiele, das Sie mit dem Voyager spielen können, ist das „Wer bin ich?"-Spiel. In diesem Prozeß, bei dem alle gewinnen, gibt jeder Teilnehmer den anderen die Karten, die deren Eigenschaften und Talente am besten beschreiben, und bestimmt, welche Karte ihn selbst am besten charakterisiert. Das macht nicht nur Spaß, sondern zeigt auch, wie andere und wir selbst uns wahrnehmen. Dies ist eine gute Gelegenheit, uns zu öffnen und uns so zu zeigen, wie wir wirklich sind.

Spielanleitung

Jeder Teilnehmer (höchstens acht) zieht für die Summe aller Teilnehmer (sich selbst eingeschlossen) Karten, die verdeckt in der Mitte der Gruppe liegen. Entscheiden Sie dann zunächst nur für sich, welche Karte zu wem gehört (sich selbst eingeschlossen). Wenn alle bereit sind, legt der Spielleiter fest, welcher Mitspieler als erster seine Karten zugeteilt bekommt. Dann gibt jeder Mitspieler diesem die für ihn bestimmte Karte. Er zeigt seine eigene Karte erst, nachdem er von allen anderen seine Karten erhalten hat. Wiederholen Sie diesen Vorgang mit jedem Teilnehmer. Jeder Mitspieler kann – wenn er möchte – den anderen seine Beobachtungen und Gefühle bezüglich der Karten, die er bekommen hat, mitteilen.

 Es ist wichtig zu begreifen, daß dieser Prozeß dazu gedacht ist, das Selbstbewußtsein der Mitspieler zu stärken. Deshalb betrachten Sie die Karten, die Sie den anderen geben, als Geschenke. Behalten Sie im Auge, daß „negative" Karten in Wirklichkeit positiv sind und Möglichkeiten aufzeigen.

★ Legesystem: Die Kunst, erfolgreich zu sein

Im Beruf werden uns im übertragenen Sinne jeden Tag Karten zugeteilt, mit denen wir spielen müssen. Bei dem folgenden Spiel, das Sie allein spielen können – obwohl es gemeinsam mit anderen wahrscheinlich mehr Spaß macht –, werden fünf Karten aus dem verdeckt liegenden Spiel gezogen. Diese Karten haben Sie nun auf der Hand. Wir wollen doch einmal sehen, wie geschickt Sie Ihre Karten ausspielen.

Eine Karte repräsentiert Ihre Interessen/Ihre Fähigkeiten.
Eine Karte repräsentiert Ihr Desinteresse/Ihre Schwächen.
Eine Tauschkarte zeigt, was Sie lieber an jemand anders delegieren möchten, weil er besser damit umgehen kann. Geben Sie diese Karte weiter. Denken Sie daran, daß auch Sie im Gegenzug eine erhalten werden.
Eine Co-Kreativitätskarte zeigt, was Sie gemeinsam mit einer anderen Person tun möchten. Zeigen Sie ihr diese Karte, und sagen Sie Ihr alles, was Sie diesbezüglich mitteilen möchten.
Eine Teamkarte zeigt, was Sie zum Team beitragen möchten.

Nachdem alle ihre Karten gezeigt haben, zieht jeder Mitspieler eine Ergebniskarte, die repräsentiert, was geschehen wird, wenn er seine Karten richtig ausspielt.

Interessen/Fähigkeiten _____

Persönliche Deutung _____

_____

Desinteresse / Schwächen _____

Persönliche Deutung _____

_____

Erhaltene Tauschkarte _____

Persönliche Deutung _____

_____

Tauschkarte, gegeben an _____

Co-Kreativitätskarte _____

Persönliche Deutung _____

_____

Teamkarte _____

Persönliche Deutung _____

_____

Ergebniskarte _____

Persönliche Deutung _____

_____

Tageskartenprotokoll
für das Voyager Tarot

0	Narr und Kind					
I	Der Magier					
II	Die Priesterin					
III	Die Herrscherin					
IV	Der Herrscher					
V	Der Hohepriester					
VI	Die Liebenden					
VII	Der Wagen					
VIII	Ausgleich					
IX	Der Eremit					
X	Fülle					
XI	Stärke					
XII	Der Hängende					
XIII	Tod					
XIV	Kunst					
XV	Der spielende Teufel					
XVI	Der Turm					
XVII	Der Stern					
XVIII	Der Mond					

XIX	Die Sonne					
XX	Raum und Zeit					
XXI	Das Universum					
	Kristalle					
Kind	Lernender					
Mann	Erfinder					
Frau	Wächterin					
Weiser	Wissender					
As	Klarheit					
Zwei	Gelassenheit					
Drei	Kreativität					
Vier	Logik					
Fünf	Negativität					
Sechs	Verwirrung					
Sieben	Stumpfheit					
Acht	Synthese					
Neun	Einengung					
Zehn	Selbsttäuschung					
	Kelche					
Kind	Fühlender					
Mann	Wellenreiter					
Frau	Glückselige					

Weiser	Erneuerer					
As	Ekstase					
Zwei	Gleichgewicht					
Drei	Liebe					
Vier	Wut					
Fünf	Enttäuschung					
Sechs	Trauer					
Sieben	Angst					
Acht	Stillstand					
Neun	Erfüllung					
Zehn	Leidenschaft					
	Welten					
Kind	Spielender					
Mann	Sieger					
Frau	Bewahrerin					
Weiser	Meister					
As	Erfolg					
Zwei	Betrachtung					
Drei	Nähren					
Vier	Neubeginn					
Fünf	Rückschlag					
Sechs	Synergie					

Sieben	Durchbruch						
Acht	Veränderung						
Neun	Ernte						
Zehn	Belohnung						
	Stäbe						
Kind	Suchender						
Mann	Schauspieler						
Frau	Wahrnehmende						
Weiser	Sehender						
As	Erleuchtung						
Zwei	Reinheit						
Drei	Mitgefühl						
Vier	Aufstreben						
Fünf	Unterdrückung						
Sechs	Vertrauen						
Sieben	Mut						
Acht	Harmonie						
Neun	Integrität						
Zehn	Wachstum						

Tageskartenprotokoll
für das Crowley Tarot

0	Der Narr					
I	Der Magier					
II	Die Hohepriesterin					
III	Die Kaiserin					
IV	Der Kaiser					
V	Der Hohepriester					
VI	Die Liebenden					
VII	Der Wagen					
VIII	Ausgleichung					
IX	Der Eremit					
X	Glück					
XI	Lust					
XII	Der Gehängte					
XIII	Tod					
XIV	Kunst					
XV	Der Teufel					
XVI	Der Turm					
XVII	Der Stern					
XVIII	Der Mond					

XIX	Die Sonne					
XX	Das Aeon					
XXI	Das Universum					
	Schwerter					
Prinz						
Prinzessin						
Königin						
Ritter						
As	Klarheit					
Zwei	Frieden					
Drei	Kummer					
Vier	Waffenruhe					
Fünf	Niederlage					
Sechs	Wissenschaft					
Sieben	Vergeblichkeit					
Acht	Einmischung					
Neun	Grausamkeit					
Zehn	Untergang					
	Kelche					
Prinz						
Prinzessin						
Königin						

232

Ritter						
As	Ekstase					
Zwei	Liebe					
Drei	Fülle					
Vier	Üppigkeit					
Fünf	Enttäuschung					
Sechs	Genuß					
Sieben	Verderbnis					
Acht	Trägheit					
Neun	Freude					
Zehn	Sattheit					
	Scheiben					
Prinz						
Prinzessin						
Königin						
Ritter						
As	Leistung					
Zwei	Wechsel					
Drei	Arbeit					
Vier	Macht					
Fünf	Quälerei					
Sechs	Erfolg					

Sieben	Fehlschlag					
Acht	Umsicht					
Neun	Gewinn					
Zehn	Reichtum					
	Stäbe					
Prinz						
Prinzessin						
Königin						
Ritter						
As	Erleuchtung					
Zwei	Herrschaft					
Drei	Tugend					
Vier	Vollendung					
Fünf	Streben					
Sechs	Sieg					
Sieben	Tapferkeit					
Acht	Schnelligkeit					
Neun	Stärke					
Zehn	Unterdrückung					

234

Tageskartenprotokoll
für das Rider-Waite Tarot

0	Der Narr					
I	Der Magier					
II	Die Hohepriesterin					
III	Die Herrscherin					
IV	Der Herrscher					
V	Der Hierophant					
VI	Die Liebenden					
VII	Der Wagen					
VIII	Kraft					
IX	Der Eremit					
X	Rad des Schicksals					
XI	Gerechtigkeit					
XII	Der Gehängte					
XIII	Tod					
XIV	Kunst					
XV	Der Teufel					
XVI	Der Turm					
XVII	Der Stern					
XVIII	Der Mond					

XIX	Die Sonne					
XX	Gericht					
XXI	Die Welt					
	Schwerter					
Bube						
Königin						
Ritter						
König						
As	Klarheit					
Zwei	Gleichgewicht					
Drei	Kummer					
Vier	Rückzug					
Fünf	Niederlage					
Sechs	Übergang					
Sieben	Täuschung					
Acht	Gefangenschaft					
Neun	Angst					
Zehn	Endgültigkeit					
	Kelche					
Bube						
Königin						
Ritter						

236

König						
As	Ekstase					
Zwei	Liebe					
Drei	Überfluß					
Vier	Verschlossenheit					
Fünf	Enttäuschung					
Sechs	Gefühl					
Sieben	Zauberei					
Acht	Zurückweisung					
Neun	Erfüllung					
Zehn	Freude					
	Münzen					
Bube						
Königin						
Ritter						
König						
As	Leistung					
Zwei	Wandel					
Drei	Bauen					
Vier	Macht					
Fünf	Armutsbewußtsein					
Sechs	Erfolg					

Sieben	Wachstum					
Acht	Handwerk					
Neun	Wohlstand					
Zehn	Reichtum					
	Stäbe					
Bube						
Königin						
Ritter						
König						
As	Erleuchtung					
Zwei	Herrschaft					
Drei	Tugend					
Vier	Vollendung					
Fünf	Hader					
Sechs	Sieg					
Sieben	Tapferkeit					
Acht	Vorausschau					
Neun	Stärke					
Zehn	Unterdrückung					

Intuition im Business

Literaturhinweise

Albert, J.: *Astrologie für Manager.* Jovis, Göttingen 1991

Arrien, A.: *Handbuch zum Crowley Tarot. Praxisbezogene Anleitung zur Interpretation des Crowley Thoth Tarot.* Urania, Neuhausen 1991

Banzhaf, H.: *Das Arbeitsbuch zum Tarot.* Hugendubel, München 1994

Banzhaf, H.: *Das Tarot-Handbuch.* Hugendubel, München 1994

Byham, W.C.: *Power Teams. Spitzenleistungen mit modernen Arbeitsgruppen.* moderne industrie, Landsberg 1992

Byham, W.C.: *Zack. Der Blitzschlag von Motivation und Begeisterung.* moderne industrie, Landsberg 1993

Byham, W.C.: *Der magische Pfeil. Im Königreich der Motivation.* moderne industrie, Landsberg 1994

Giles, C.: *Tarot. Geschichte, Geheimnis und Überlieferung.* Walter, Olten 1994

Graf, E.: *Lexikon des Tarot sowie der Orakel und Selbsterfahrungsspiele.* Nagelschmid, Stuttgart 1991

Greer, M.: *Tarot-Konstellationen. Persönlichkeits- und Wesenskarten.* Hugendubel, München 1989

Mertz, B.A.: *Astrologie und Tarot.* Ansata, Interlaken 1990

Montano, M.: *Tarot – Spiegel des Lebens. Handbuch zum Waite Tarot.* Urania, Neuhausen 1993

Pollack, R.: *Das Tarot-Übungsbuch.* Knaur, München 1992

Pollack, R.: *Tarot. 78 Stufen der Weisheit.* Knaur, München 1992

Schubert, V., und Neutzler, W.: *Tarot-Management. Mythos für Evolution im Management.* Resonanz, Mannheim 1994

Wanless, J.: *Voyager Tarot. Die LebensReiseKarten* mit Begleitbuch. Integral. Volkar-Magnum, Wessobrunn 1993

Wiering, J.: *Astrologie und Beruf. Berufs- und Unternehmensberatung mit Hilfe der Astrologie.* Edition Astrodata, Wettswil 1994

Ziegler, G.: *Tarot – Spiegel deiner Beziehungen.* Urania, Neuhausen 1992

Ziegler, G.: *Tarot – Spiegel der Seele. Handbuch zum Crowley Tarot.* Urania, Neuhausen 1992

Bibliothek «Millennium»

Der QuantenMensch – *Ein Blick in die Entfaltung des menschlichen Potentials im 21. Jahrhundert* / Michael Murphy

„Das Beeindruckende an Murphys Buch ist die positive Öffnung in die Zukunft. Wo andere das Ende der Menschheit prophezeien, plädiert er für **einen neuen Schritt in der menschlichen Evolution,** der dem vom Tier zum Menschen gleichkäme…"

Der längere Atem – *Die Meisterung des Alltäglichen* / George Leonard

„Für Leonard bedeutet Meisterschaft, die Fähigkeit, ein Ziel zu verfolgen und dabei die ‚Plateauphasen' zu genießen – jene scheinbar ereignislosen Phasen beim Üben und Tun, die das Gehirn braucht, um einen ‚Klick', das heißt einen kleinen Quantensprung im Können vorzubereiten. Also: **Den Weg genießen, ohne auf das Ziel fixiert zu sein…"**

Im Zeitstrudel (*The White Hole in Time*) – *Die atemberaubende Untersuchung unserer Zukunftschancen* / Peter Russell

„Wenn wir darüber sprechen, den ‚Planeten zu retten', bedeutet das für die meisten von uns nicht das Fortbestehen des Lebens überhaupt auf der Erde sicherzustellen. Wenn das unser Ziel wäre, müßten wir unseren kollektiven Selbstmord in unseren Maßnahmenkatalog aufnehmen – aber wir wollen den Planeten retten, um den Fortbestand der Menschheit zu sichern. Bevor wir aber anfangen uns selbst zu retten, müssen wir uns zuerst fragen, was wir überhaupt retten wollen. **Wollen wir die Menschheit so retten wie sie jetzt ist? …"**

Und der Traum wird Welt – *Schamanische Impulse zur Aussöhnung mit der Natur. Reiseberichte aus Ecuador* / John Perkins

Unser egoistischer Traum des „Mehr, größer, schneller," ist zu einem Alptraum geworden. Einen anderen Traum träumen in den Regenwäldern Ecuadors „primitive" Stämme ehemaliger Kopfjäger. Ihre Schamanen reisen in Welten, in denen Tiere und Menschen, Pflanzen und Steine, vom gleichen Geist beseelt, untrennbar miteinander verbunden sind… **Wovon der Mensch träumt, das wird wahr…**

Intuition im Business – *Souverän entscheiden mit Tarot* / James Wanless

Die Gesellschaft, auch die Wirtschaft und mit ihr die Instrumentarien stehen an einem Wendepunkt. Weder die Welt, noch die Menschen sind Maschinen. In den Köpfen geistern aber noch immer die Gespenster der Planbarkeit und der absoluten Lösungen herum. Doch es gibt keine absoluten Lösungen: Das Leben ist zwar gestaltbar, aber nicht steuerbar. Und: Probleme werden nie auf der Ebene gelöst, auf der sie entstehen. **Wir brauchen Hilfsmittel, um mit anderen Ebenen in Berührung zu kommen – mit Ebenen der Intuition und der Mühelosigkeit, mit dem Namenlosen…**

Aus dem Vorwort von Karl Gamper

Das QuantenMensch-Trainingshandbuch – von Michael Murphy & George Leonard erscheint im Frühjahr 1996

INTEGRAL / ■▲●
VOLKAR-MAGNUM